KB268205

왜 나의 다정함이 당신을
상처 입힐까

利他・ケア・傷の倫理学
RITA KEA KIZU NO RINRIGAKU
Written by Yuta CHIKAUCHI
Copyright © Yuta CHIKAUCHI 2024
All rights reserved.
Original Japanese edition published by SHOBUNSHA Co., Ltd. Tokyo, Japan.
Korean edition is published by arrangement with SHOBUNSHA Co., Ltd. through AMO Agency.

왜 나의 다정함이 당신을 상처 입힐까

나를 되살리는
이타와 돌봄의
윤리학

지카우치 유타 지음
김영현 옮김

다다
서재

1. 본문의 각주는 전부 옮긴이 주입니다.
2. 외래어는 국립국어원 외래어 표기법을 준수하되,
   일부는 일상에서 널리 쓰이는 표기를 따랐습니다.
3. 본문에 언급되는 도서 중 한국에 번역 출간된 도서는
   한국어판 서지 정보를 수록했습니다.
4. 본문의 고딕체는 원서에서 강조한 부분입니다.

독선적인 선의의 실패

우리는 왜 때때로 달갑지 않은 선물을 주고 말까?

보통 선물은 기쁜 것, 좋은 것이라는 인상이 있습니다.

하지만 우리의 일상을 떠올려볼까요? 혹시 받아서 기뻤던

선물보다 난처했던 선물이 더 많지 않았나요? 그래서인지

최근에는 구체적인 물건이 아니라 상대방이 취향대로

교환할 수 있는 상품권을 선물로 더욱 선호하는 것

같습니다.

내가 선택한 것이 당신에게 필요 없는 것, 받으면 난처한

것일지도 모른다.

우리는 그런 우려를 떨치지 못합니다.

친구의 이야기를 들을 때도 비슷한 일이 일어납니다. 가령

친구가 어떤 고민을 내게 털어놓습니다. 그 고민에 대해

"다들 비슷해. 별일 아니잖아?"라고 **위로**할 셈으로, 걱정할

일 아니라고 **격려**할 셈으로 말했다고 하죠. 하지만 그처럼 다정하게 건넨 말이 왠지 상대방을 더욱 고민하게 만들거나 때로 상처를 주기도 합니다.

왜 당신의 선의는 헛돌고 말까요?

왜 우리의 '주고 싶다'는 마음은 언제나 우스꽝스러운 1인극으로 끝나고 말까요?

어째서 타인에게 다정함을 건네기가 어려울까요?

그런데 예를 들어 호빵맨은 타인을 향한 돌봄, 혹은 이타에 성공하는 것 같습니다. 호빵맨은 주위 사람들에게 "내 얼굴을 먹어."라면서 자신의 신체인 빵을 건네줍니다(그리고 세균맨의 나쁜 음모에서 사람들을 구해주기도 하죠).

우리는 돌봄, 혹은 이타에 실패하는데, 왜 호빵맨은 성공할까요?

그 이유는 '배고픔'이라는 **공통의 기반**이 있기 때문입니다. 배고픔이나 굶주림은 모든 인간, 나아가 모든 동물에 공통되는 생존 과제입니다. 얼핏 지금 너무나도 당연한 소리를 한다고 생각할지도 모르겠습니다. 하지만 그렇지 않습니다. 오늘날 이뤄지는 상호 관계에서 그런 공통의 기반이 과연 얼마나 존재할까요?

현대는 '다양성의 시대'라고 불리기도 합니다. 다양성이란

공통성(혹은 단일성)과 반대되는 개념이죠. 사람들은
성장한 환경도 다르고, 취향도 제각각 다릅니다. 또한
'이렇게 하면 행복해진다.'라는, 학력과 취업과 결혼 등에
관한 공통의 생애 주기별 과제도 점점 사라지고 있습니다.
다시 말해 **한 사람 한 사람이 각자의 이야기를 살아가는
시대**(혹은 그렇게 살아가야 하는 시대)인 것입니다.
무엇보다 지금까지 인생을 살며 짊어진 개인의 역사가
다릅니다. 유년기의 성장 환경, 학교에서 겪은 일, 좌절한
경험, 실패한 연애, 소중한 사람과의 이별 등 비애와
수치와 죄책감으로 생긴 '상처'의 양상도 종류도 모두 다른
것입니다. 그런 상처의 이력은 신체적 외상만큼 한눈에 잘
보이지 않습니다. 바로 그런 점에서 **다정함이 엇갈리는 이유**를
찾을 수 있지 않을까요.

호빵맨이 다정한 영웅일 수 있는 이유는 그 이야기에
배고픔이라는 우리 모두에게 공통된 신체성이 있기
때문입니다. 신체라는 모두에게 공통된 '소중한 것'이
존재하기 때문이죠.

호빵맨은 누군가 아끼는 신체를 **함께 소중히 아껴줍니다.**
그러니 다양성이란 한 사람 한 사람이 '소중히 아끼는
것'들의 복잡성을 가리키는 다른 말이라고 할 수도
있겠습니다.

바로 그 때문에 내가 좋다고 생각한 선물(소중히 아끼는 것)이 받는 사람에게는 그렇지 않은 사태가 일어나는 것입니다. 일찍이 모두 가난했던 시대에는 먹을거리를 건네는 것이 돌봄이자 이타였습니다. 먹을거리는 당신과 나 **모두에게 소중했으니까요**. 모든 사람들에게 공통된 소중한 것이 있었던 덕분에 그때의 돌봄과 이타는 엇갈리지 않고 제대로 기능했습니다. 그에 비하면 현대인에게 공통의 기반, 공통의 '소중한 것'이 얼마나 있을까요?

다양성의 시대란 달리 표현해 사람들 제각각의 **입장**이 존중받는 시대라고도 할 수 있습니다. 그 말에는 어떤 전제가 있습니다. 바로 사람들 제각각의 **입장이 서로 다르다**는 것이죠.

또한 어느 한 사람이라는 주체만 봐도 여러 입장을 동시에 짊어지고 있습니다. 직종과 직급이라는 일에서의 입장, 엄마 혹은 아빠라는 가정에서의 입장, 사적인 취미 모임에서의 역할 등 한 주체가 여러 역할을 맡아 **복잡한 연극 같은** 것을 수행하죠. 그렇기 때문에 어떤 판단과 결정이 조직 구성원으로서는 정답이지만, 도덕규범에 비춰보면 좀 애매하거나 아예 부도덕하다는 모순이 벌어지기도 합니다. 그 모순에서 갈등이 비롯되기도 하고요.

우리는 종종 연극에 실패합니다.

장면과 역할을 착각하고, 말해야 하는 대사를 잘못 고르죠.
좋으리라 짐작하고 건넨 것이, 돌보기 위해 한 말이, 때로
상대방을 상처 입힙니다.

그렇지만 그와 동시에 **우리는 연극을 바꿀 수 있습니다. 다시
연기할 수 있습니다.**

예를 들어 만화『원피스』*의 한 에피소드에 그런 모습이
그려져 있습니다.

어느 무인도에 도착한 주인공 루피와 나미는 그 섬에서
혼자 생활하는 (전) 해적 가이몬과 만납니다. 가이몬은
20년 전 동료들과 함께 보물지도를 단서 삼아 섬에 상륙한
해적이었죠. 가이몬은 탐색 끝에 벼랑 꼭대기에 있는
보물상자를 발견했습니다. 하지만 그 순간 손이 미끄러져서
아래로 추락했는데, 하필 벼랑 아래에 있던 텅 빈 상자로
떨어져 몸이 꽉 끼고 정신을 잃었습니다. 가이몬은 동료들이
보물을 포기하고 섬을 떠난 뒤에야 정신을 차렸죠.

그 후 20년 동안 혼자 생활하며 한순간 보았던 벼랑 위의
보물상자를 손에 넣을 날을 꿈꿨습니다(가이몬은 상자에
몸이 낀 상태로 지내야 하는 탓에 자력으로 벼랑을 오를 수
없습니다).

———— * 오다 에이치로 지음,『원피스 3』대원씨아이 2011.

미련이 있고, 포기할 수 없다, 저건 내 것이다. 가이몬은 루피 일행에게 이야기합니다. 보물에 관한 전말을 들은 루피는 "응! 맞아! 보물은 아저씨 거야!"라며 가이몬 대신 보물상자를 가져오기 위해 벼랑을 오릅니다. 보물상자는 정말 벼랑 꼭대기에 있었죠. "여기로 떨어뜨려줘."라는 가이몬에게 루피는 살짝 미묘한 표정을 짓다가 갑자기 "싫어."라고 거부합니다. 가이몬에게 보물상자를 넘기지 않겠다는 것이었죠.

"장난치지 말고 빨리 던져! 전부 다!"라고 화내는 나미에게 가이몬은 왠지 "괜찮아! 그만 됐어! 안 줘도 돼!"라고 합니다. 그리고 벼랑 위의 루피에게 "너는… 정말 좋은 너석이구나…!" 라고 중얼거리죠.

가이몬은 울면서 어떤 사실을 깨달은 것입니다. 아니, 실은 오래전부터 그 가능성을 어렴풋이 눈치채고 있었죠.

"텅 빈 거지? 상자 속이…."

아무것도 없었습니다. 지도에 그려져 있던 보물은 가이몬이 섬에 도착하기 전에 누군가 가져간 것이었습니다. 가이몬이 20년이나 꿈꾼 보물상자는 그저 텅 빈 상자였죠.

그렇다면 루피는 무엇을 하려던 것이었을까요?

루피는 **연극을 했던 것**입니다. 현실에 존재한 것은 '텅 빈 상자'였지만, 루피는 그걸 가이몬에게서 빼앗음으로써

'보물'을 **실재했던 것으로 만들려** 했죠. 보물이 분명히
있었지만 다른 해적(루피)이 빼앗아갔다고 극의 줄거리를
새로 쓰려 한 것입니다.

'가이몬, 당신의 20년은 **하나도 헛되지 않았어.** 그 꿈에는
아무것도 잘못된 게 없어.'라고 말해주듯이. 눈앞에 있는
타인의 소중한 것을 함께 소중히 아끼기 위해서 루피는
연극을 했습니다. 가이몬이 자신을 원망할 가능성이 매우
높음에도 불구하고.

이 이야기에는 '돌봄'의 원형原形이 있습니다. 이 책에서 저는
돌봄을 다음처럼 정의합니다.

> 돌봄이란 타인에게 소중한 것을 함께 소중히 아끼는 행위
> 전체를 가리킨다.

이 정의에 따르면, 루피는 가이몬을 돌보는 사람입니다.
가이몬을 돌보기 위해서 그가 20년 동안 포기하지 않은
소중한 꿈을 함께 소중히 아끼기 위해서 루피는 엉겁결에
연극을 하고 거짓말을 했죠.

이 돌봄의 정의로부터 "좋으리라 짐작하고 건넨 것이,
돌보기 위해 한 말이, 때로는 상대방을 상처 입힙니다."라는
문장의 이면에서 무슨 일이 일어나는지 알 수 있습니다.

즉, 그 사람이 **소중히 아끼는 것을 오인했다**는 것이죠.
여기에서 우리는 '타인을 돌보기 위해서는 그가 소중히
여기는 것을 파악해야 한다.'라는 과제를 이끌어낼 수
있습니다.
자, 돌봄 개념과 더불어 이 책에서 살펴보려는 것은
이타라는 개념입니다. 지금은 그 정의만 소개해두겠습니다.
이타에 대해서는 다음처럼 정의하겠습니다. (논의가
진행될수록 이타의 정의는 조금씩 바뀔 것입니다.)

> 이타란 자신에게 소중한 것보다도 타인이 소중히 아끼는
> 것을 우선하는 행위다.

이 책에서 언급하는 돌봄과 이타는 모두 그 정의에 '소중히
아끼다'라는 표현이 포함되어 있습니다.
그렇지만 우리는 흔히 '소중한 것은 눈에 보이지
않는다.'라고 말합니다. 그 말이 맞다면, 돌봄도 이타도 얼핏
불가능한 일로 보입니다.
돌봄은 상대방이 '소중히 아끼는 것'에 다가가서 정체를
알아야 할 수 있는데, 가장 중요한 '소중히 아끼는 것'이
눈에 보이지 않으면 무엇부터 시작해야 할지도 알 수 없기
때문입니다.

그렇다면 그 소중한 것은 어디에 있을까? 이 질문에 대해 많은 사람들이 소중한 것은 **마음속**이나 **기억 속**, 다시 말해 외부의 인간이 가닿을 수 없는 '상자' 속에 있다고 답할 것 같습니다. 그런 것이 오늘날의 상식적인 이미지겠죠. 그 증거로 세간에는 '말로 하지 않으면 마음은 전할 수 없다.' 같은 언설이 널리 퍼져 있습니다. 혹은 '소중한 것은 말로 표현할 수 없다.'라고도 하고요. 이 말을 뒤집어서 살펴보면, 마음속에 자리한 애정은 언어로 하는 '불완전한 번역'을 통해서만 외부화·공공화할 수 있다는 믿음이 엿보입니다. 정말로 그럴까요?

소중한 것은 눈에 보이지 않는다는 전제에서 정말로 '타인의 마음에 가닿고 타인의 마음을 아는 길은 막혀 있다'는 결론을 도출할 수 있을까요?

오히려 우리가 흔히 말하는 '마음', 혹은 '마음의 이미지'가 잘못되었을 가능성을 검토할 수도 있지 않을까요? 이 책에서는 철학자 루트비히 비트겐슈타인Ludwig Wittgenstein의 논법, 비유, 유추를 빌려 그런 검토를 해보려 합니다.

마지막으로 짚고 넘어갈 것이 있습니다. 이 책에서 파고드는 문제는 '어째서 보답을 바라지 않고 무언가 내어주는 증여가 불가능한가?' 하는 것이 **아닙니다.** 그리고 어떻게 해야 사람들이 이타와 돌봄에 동기를 지닐 수 있을까, 혹은 어떤 보수와 제재를 설계하면 '다정한 사람'이 늘어나 '따뜻한 사회'를 만들 수 있을까, 하는 이익 유도에 관한 문제도 아닙니다.

저는 이 책으로 '우리는 선의가 헛도는 것을 애초에 방지할 수 있을까?' 그리고 '방지할 수 있다면 어떻게 해야 가능할까?'라는 의문에 답을 찾으려 합니다.

그리고 이타를 철학한 끝에 '이타란 상대를 변화시키려는 것이 아니라 자신이 변화하는 것'이라는 주장에 도달하고, 그로부터 '자기 돌봄'의 구조를 드러낼 것입니다.

다정함의 1인극에서 **2인극**으로.

당신과 내가 관계를 맺음으로써 **나 자신이 변화한다. 나 자신이 도움을 받는다.**

그런 논리의 여정에 함께하시길 바랍니다.

1장

다양성의 시대,

돌봄은 필연적이다

우리 삶이 힘든 이유

어째서 우리 삶은 이토록 고될까요?

사람은 매일매일 인간관계로 고민하고, 자기 건강을

걱정하고, 미래에 막연한 불안감을 느끼고, 과거의 사랑과

성에 관한 상처를 안고 살아갑니다.

'고양이가 되고 싶어.'라든지 '새가 되면 좋겠다.'라고 생각한

적이 있지 않나요?

새근새근 자는 고양이를 보고 문득 '고양이가 되고

싶다.'라고 생각하는 것은 고양이가 우리의 인간적 고민이나

불안과 무관해 보이기 때문일 듯합니다.

이 대목에 수수께끼가 있습니다.

어째서 인류는 이토록 많은 **생존에 관한 문제를 짊어지고**

있을까요?

수많은 생물이 환경에 '적응'하고 진화해왔다고 합니다. 현대를 살아가는 우리는 일찍이 가혹한 환경에서도 도태되지 않고 살아남은 호모 사피엔스의 후손이겠죠. 고양이보다 고등한 사회적 능력을 갖춘 호모 사피엔스. 그럼에도 불구하고 왜 우리는 고민과 불안을 짊어진 채 살아가야 할까요.

간단히 말해서, 왜 우리는 고양이가 될 수 없을까요? 왜 가혹한 진화의 과정을 거쳤음에도 우리는 고양이가 가진 듯한 **안녕을 습득하는 데 계속 실패할까요?**

우리 호모 사피엔스라는 종은 이 환경에 적응하지 못한 듯이 보입니다. 정신과 사회가 조화를 이루지 못하는 것 같지요.

만약 우리의 신체, 뇌가 현대 사회라는 시스템에 적응했다면, 굳이 구글 캘린더에 일정을 적어둘 필요는 없을 것입니다. 우리는 종종 잊어서는 안 되는 일정을 잊어버립니다. 일과 관련한 중대한 약속, 소중한 가족과의 일정을 잊어버리면, 말 그대로 생사가 걸린 문제가 벌어질 수 있죠. 사회적 생존을 위협하는 실책인 것입니다(적어도 무척 주눅 들 것입니다).

생사를 좌우하는 문제임에도 뇌는 그런 일정을 의식의

바깥에 빼두고 우리가 약속을 어기게 만듭니다. 그러니 현대 사회의 생활양식은 인간 뇌의 기본적인 기억 용량을 초과한 셈이라 할 수 있습니다. 생사가 걸린 문제임에도 일정을 잊어버리니까요.. 그래서 우리는 며칠 뒤의 약속도 구글 캘린더에 등록해서 기억을 외부화하는 것입니다.

아니면 SNS.

SNS란 그저 문서와 이미지 데이터의 축적에 지나지 않을 것입니다. 하지만 사람들은 SNS 때문에 피로감을 느낍니다. 아마도 SNS가 인정 욕구와 질투가 교차하는 욕망의 장이 되었기 때문이겠죠. 그곳에서 사람들은 '나'라는 미술관을 만들어갑니다. '나'의 경험이라는 이력에서 타인에게 보이고 싶은 것, 보여줄 수 있는 것만을 꼼꼼하게 선별하고, 유리 상자 속 미술품처럼 전시하죠. 그 전시를 본 사람은 자신이 지니고 있는 미술품과 가치를 비교하고 맙니다. 내가 노력해서 모은 그림보다 가치 있는 그림이 있다며 질투하고, 그 사람의 조각상보다 내 소장품이 아름답다고 자기 정당화도 합니다.

그렇게 우리는 **타인이 나를 보는 시선, 그리고 내가 타인을 보는 시선에 극도로 지치고 맙니다.**

어째서 그런 일이 일어날까요?

그 이유는 다음과 같습니다.

우리의 뇌와 신체와 정신이 현대 사회라는 '환경'에
적합하도록 디자인되지 않았기 때문에.

뇌·신체·정신과 환경의 부조화

우리의 뇌와 신체와 정신은 오늘날 이뤄지는 사회생활을
염두에 두고 만들어지지 않았습니다.
정신과 전문의 안데르스 한센Anders Hansen의 베스트셀러
『인스타 브레인』*에는 다음과 같은 사고실험이 등장합니다.
일단 10만 년 전 열대 초원에서 살아간 두 여성을
떠올려봅니다. 이름은 카린과 마리아. 카린은 달콤하고
칼로리가 높은 과일이 열리는 나무로 가서 한 개만 먹고
만족합니다. 이튿날 카린은 과일을 먹으러 다시 나무에
갔지만 누군가가 과일을 전부 먹어서 남은 게 없었죠.
한편 마리아는 단맛을 인식하는 유전자에 돌연변이가
일어나서 달콤한 과일을 먹으면 뇌에서 도파민이 대량으로
분비됩니다. 도파민의 효과로 마리아는 눈앞에 있는 과일을
전부 먹고 싶다는 강력한 욕구에 사로잡힙니다. 그래서

———— * 김아영 옮김, 동양북스 2020.

마리아는 달콤한 과일을 최대한 먹고 그 자리를 떠납니다.
마리아도 이튿날 다시 과일을 먹으러 갔지만, 카린이 갔을
때와 마찬가지로 과일은 남아 있지 않았죠.

두 사람 중에서 마리아가 생존 확률이 높다는 것은
어렵지 않게 추측할 수 있다. 소모하지 않은 칼로리는
뱃살의 형태로 몸에 남아서 먹을 것을 못 찾았을 때
굶주림으로부터 보호해준다. 그 덕분에 마리아는
출산을 통해 자신의 유전자를 남길 확률이 더 높아지고,
유전자 변이로 칼로리를 축적하는 특질은 다음 세대로
이어지게 되며, 그 결과 생존과 번식에 더 유리하다. 또한
여기에 환경적인 요인도 영향을 미칠 수 있다. 칼로리를
갈망하는 자손들이 점점 더 많이 태어나고 이들은
살아남을 확률도 더 높다. 그리고 이러한 유전적 특질은
수천 년에 걸쳐서 천천히, 그러나 분명하게 사람들
사이에서 일반적인 특질로 자리 잡게 된다.[*]

한센은 카린과 마리아를 현대 사회에도 등장시킵니다.
카린은 맥도날드에서 햄버거를 한 개 먹고 만족해서 가게를

———— [*] 『인스타 브레인』 29~30면.

나갑니다. 그에 비해 마리아는 햄버거뿐 아니라 사이드
메뉴에 음료에 디저트까지 전부 주문하고, 그 음식들을 전부
먹어치운 다음에야 가게를 나갑니다. 마리아는 다음 날에도
도파민에 이끌려 맥도날드에 방문하고 전날처럼 많은
음식을 섭취합니다.

두어 달 뒤 마리아의 몸은 과식으로 불어나고,
과체중뿐만 아니라 2형 당뇨도 앓게 될 것이다. 몸은
천정부지로 치솟은 혈당 수치를 감당하지 못할 것이다.
이제 상황이 역전된 셈이다. 사바나에서 마리아를
생존하게 해준 칼로리에 대한 갈망은 오늘날의 세계에는
적합하지 않다. 인류가 지구에 출현한 이래 99.9퍼센트에
달하는 시기 동안 생존을 도왔던 생물학적 메커니즘이
갑작스레 도움은커녕 도리어 해가 된 것이다.*

자, 여기서 열쇠를 쥐고 있는 핵심 개념은 '진화적 적응
환경environment of evolutionary adaptation, 이후 EEA'입니다. EEA란
인류 고유의 적응이 진화한 배경인 환경을 가리킵니다. 앞선
사고실험을 예로 들면, 카린과 마리아가 본래 있었던 10만

———— * 같은 책, 30~31면.

년 전의 열대 초원 같은 환경이 EEA입니다. 진화생물학과 진화심리학의 논자와 문헌에 따라 조금씩 다르지만, 호모 사피엔스의 EEA는 구체적으로 수백만 년 전부터 수만 년 전까지의 환경이라고 합니다. 아무리 최근까지 고려해도 1만 년 전의 환경까지가 EEA라고 불리죠.

무슨 말을 하려는 것인지 알아챈 분들도 계시겠죠.

우리의 몸과 정신은, 오늘날의 사회 환경에 적응하지 않은 것입니다.

우리의 몸과 정신은 수만 년 전의 환경에 적응한 상태를 지금까지 이어오고 있습니다.

부조화.

진화의 역사에서 습득한 신체적 특징 및 심적 특징과 현대 사회라는 환경 사이에 부조화가 일어나고 있는 것입니다. 그 한 가지 사례가 앞서 인용한 현대 사회의 마리아죠. 우리가 무언가를 '맛있다고 느끼는 것'도, 무언가를 '향기롭다고 느끼는 것'도, 일찍이 열대 초원에서 그런 유전적 성질을 지닌 개체가 더욱 잘 살아남았기 때문에 (그리고 생존 결과, 유전자를 다음 세대로 이어주는 데 성공했기 때문에) 습득할 수 있었습니다. 굶주림의 위기가 항상 도사리고 있었던 수만 년 전의 환경에서는 탄수화물, 지방, 염분에 대한 강렬한 욕구가 생존에 적합했던 것이죠. 다르게

표현하면 수만 년 전의 환경에서 생존에 도움을 준 여러
형질의 잔재가 지금까지도 우리에게 남아 있는 것입니다.

왜 불합리할 만큼 헤어스타일에 매달릴까?

일찍이 EEA에서 합리적이었던 성질이 오늘날에도 반드시
합리적이지는 않다는 점을 보여주는 또 다른 사례가
있습니다.

왜 사람은 **불합리할 만큼 헤어스타일에 매달릴까?** 왜
머리카락이 마음에 들지 않는다는 이유로 그토록
울적해하고, 그와 반대로 미용실에서 내 취향대로, 꿈꾼
대로 머리를 만져주면 기분이 좋아질까?

포르투갈어에 '카푸네cafuné'라는 단어가 있습니다. 이
단어는 '사랑하는 사람의 머리카락을 손가락으로 빗는
동작'을 뜻합니다. 문화권이 다르고 애초에 포르투갈어를
쓰지 않는 우리도 친애하는 마음이 담긴 아름다운 단어라는
걸 알 수 있죠. 소중한 사람의 머리카락에 손을 대고,
손가락으로 빗으며, 눈을 바라보는 행위. 친구 관계보다
훨씬 깊은, 연인이나 어린 자녀에게 하는 동작입니다.
머리에 있는 단백질 다발에 불과한 머리카락이 왜 그처럼

타인과 관계를 맺을 때 결정적이라고 여겨지는 장면에서 중요한 역할을 맡을까요? 왜 우리의 정신은 머리에 있는 수십만 개의 가느다란 단백질을 사랑스러워할까요? **단백질 덩어리가 왜 로맨틱한 맥락에서 쓰일까요?**

진화론적 가설은 다음과 같습니다.

EEA에서 호모 사피엔스는 잠재적인 배우자, 즉 연애 파트너가 젊으면서 건강한지 아닌지를 머릿결을 기준으로 파악했기 때문이라고요.

성별과 상관없이 건강한 사람의 머리카락에는 윤기가 흐른다. 병약한 사람의 머리칼에는 윤기가 없다. 병에 걸리면 몸은 온갖 영양분(철분, 단백질 등)을 병원체와 싸우는 데 동원한다. 머리카락은 (이를테면 골수 등에 비해) 생존에 필수적이지 않기 때문에 몸은 가장 먼저 머리카락의 영양분을 가져온다. 그 때문에 사람의 건강 상태는 가장 먼저 머리카락에 드러난다.

그와 더불어 머리카락은 1년에 15센티미터 정도 자란다. 그러니 등줄기까지 늘어뜨린 머리카락(길이 대략 60센티미터)을 보면 과거 4년 동안의 건강 상태를 알 수 있는 셈이다.*

곰곰이 생각해보면 EEA에서는 상대방의 연령은커녕 자기
자신의 나이조차 알 수 없었을 것입니다. 애초에 역법도
없었으니까요. 물론 병원도 건강 검진도 없었으니, 스스로
느끼는 병증 외에 신체 상태를 파악하기 위해 머리카락이
보여주는 신호를 이용했을 것이라는 가설은 확실히 일리
있습니다. 그 가설이 맞다면, 특히 사춘기에 접어든 인간이
갑자기 헤어스타일과 머릿결에 신경 쓰고 그저 학교에 갈
뿐이면서 매일 아침 머리카락 정돈에 긴 시간을 할애하는
기이한 모습도 EEA의 잔재로서 납득할 수 있습니다.
오늘날을 살아가는 우리는 수만 년 전 EEA로부터 이어진
유무형의 유산을 갖고 있습니다. 그리고 앞서 살펴본 대로
수만 년 동안 이어진 신체적·심리적 특징이 현대의 환경에
반드시 합리적인 효과를 일으키지는 않습니다. 오히려
마리아의 사례처럼 부적응을 일으키기도 하죠.

──────── * アラン·S·ミラー, サトシ·カナザワ(著), 伊藤 和子(譯),『進化心理学
から考えるホモサピエンス』パンローリング 2019, p.74. (원서: Alan
S. Miller, Satoshi Kanazawa, *Why Beautiful People Have More
Daughters*, Perigee Trade 2007.)

이쯤에서 한 가지 의문을 떠올렸을지도 모르겠습니다.

왜 EEA는 현대까지 연장되지 않고, 지금으로부터 1만 년

전까지만 해당할까?

중요한 점은 진화의 속도입니다.

1000세대.

신체의 해부학적 구조와 형질, 즉 신체적 혹은

심리적·인지적 특징을 어떤 종 전체가 인위적이지 않은

평범한 자연선택으로 습득하는 데 몇 세대가 필요할까?

약 1000세대라는 견해가 있습니다.[*] 어떤 기린 개체가

돌연변이로 목이 길어지고 그 변화가 기린이라는 종 전체에

퍼지는 데 적어도 1000세대가 필요하고, 모든 비버가 댐을

만들 수 있게 되는 데에도 1000세대가 필요하다는 것이죠.

다시 『인스타 브레인』에서 인용합니다.

> 한 암컷 곰의 난자에서 털 색깔에 영향을 주는 유전자에
>
> 무작위 변이가 일어나 하얀색 털이 만들어졌다. 소위
>
> 돌연변이가 발생한 것이다. 털이 하얀 새끼 곰은 다른

---

[*] 크리스토퍼·보엠 지음, 김아림 옮김, 『도덕의 탄생』 리얼부커스 2019, 235면.

곰들보다 물개의 눈에 덜 띄었고, 그 덕분에 먹이를 좀 더 쉽게 구했다. 이는 생존 가능성을 높여주었고 이윽고 자손을 얻을 기회도 증가했다. 이후 하얀 곰의 새끼들 역시 하얀색 털을 가진 채 태어났고 덕분에 좀 더 쉬운 생존 환경에서 번식할 수 있었다. 그런 식으로 세대를 이어간 것이다. 그리고 점차 갈색 곰은 도태되고, 1만여 년 혹은 수만 년이 지난 후에 알래스카의 모든 곰은 하얀색 털을 가지게 되었다. 우리는 이 곰들을 북극곰이라고 부르고 있다.

생존과 번식 확률을 높이는 유전적 특질은 오랜 세월을 거치면서 차츰 보편적인 특질로 자리 잡는다. 인간을 포함한 모든 식물과 동물은 이런 방식으로 각자의 환경에 적응해왔다. 만약 북극곰의 털 색깔이 하얗게 바뀌기까지의 과정이 엄청난 고역일 거라 생각한다면 정답이다. 이는 아주 오랜 시간이 걸리는 일이며, 다양한 종 안에서 큰 변화가 일어나기까지는 정말이지 한참 걸린다.[*]

갈색 털이었던 곰이 흰곰이 될 때까지 1만~10만 년. 곰은

—————— [*] 『인스타 브레인』 27~28면.

생후 3~5년에 생식이 가능해지니, 만약 흰곰이 되는 데 1만 년이 걸렸다면 2000세대 정도 필요했던 것입니다.

자, 그렇다면 호모 사피엔스가 온갖 기술과 다양성이 흘러넘치는 오늘날의 도시 환경에 적응하기까지 얼마나 시간이 걸릴까요? 이를테면 구글 캘린더 없이 생활할 수 있을 만큼 기억 용량이 늘어나려면 얼마나 걸릴까요? SNS에 적응한 정신 구조를 습득하려면? 건강 유지에 적절한 식욕을 지니게 되려면?

호모 사피엔스의 한 세대를 대략 25년이라고 하면, 25년×1000세대=2만 5000년. (참고로 영어 'generation세대'은 30년을 가리킵니다. 한 세대를 30년이라 하면 앞선 계산의 결과는 3만 년입니다.)

그러니 아무리 적게 잡아도 1만 년은 걸리는 것입니다(그리고 그런 형질을 지닌 개체가 생존과 번식에서 다른 개체들에 비해 유리하지 않으면, 진화의 메커니즘은 시작되지 않습니다). 인류가 농경을 시작했다고 여겨지는 것은 기껏해야 1만 년 전입니다. 생활환경이 도시화하고 공동체 규모가 커져서 분업을 전제로 하는 사회, 즉 문명이라 불리는 곳에서 우리가 살아가기 시작한 지는 아직 수천 년에 불과하죠. 지금까지 논한 '환경'이란 그런 것을 가리킵니다.

다르게 말하면 우리의 신체, 뇌, 정신은 수만 년 전의
환경에서 살아남는 데 최적화된 상태를 여전히 유지하고
있는 것입니다. 수백 년, 수천 년 정도로는 진화가 일어날 수
없으니까요.

수백만 년 전부터 수만 년 전까지의 자연환경.

우리의 마음은 그곳에서 태어났습니다.

생존의 위기가 도처에 널린 열대 초원에서 우리의 마음은
태어났습니다.

그런 심리적 경향, 인지적 특징을 현대에는 '인지
편향cognitive bias'이라고 부릅니다. 예를 들어서 우리가
무심결에 '모두'나 '언제나'라는 표현을 쓰기 위해 필요한
숫자는 '3'이라고 합니다.* "내 친구는 **모두** 흡연자야."라든지
"너는 **맨날** 졸려 보이네."라고 일반화하는 데 필요한 목격
횟수는 3회라는 것이죠. 오늘날, 겨우 세 개의 사례에
근거해서 '모두'나 '맨날'이라고 일반화하는 것은 틀림없는
편견이며, 자기만의 믿음에 지나지 않습니다.

그렇지만 수만 년 전의 열대 초원에서는 어땠을까요.

가령 물리면 목숨을 잃는 특정한 색깔의 뱀이 있었다고
해봅시다. 과학적인 실험이나 관찰이 없는 당시 환경에서는

---

* 池谷 裕二, 『自分では気づかない、ココロの盲点 完全版』講談社ブルー
バックス 2016.

뱀에 물린 사례를 세 차례 정도 관측하고 '저 뱀은
위험하다.'라며 일반화한 개체가 잘 살아남았을 것입니다.
즉, 도시 환경에서는 편견이나 그릇된 믿음이 되어버리는
인지 편향도 위험이 가득했던 수만 년 전 환경에서는
생존에 도움이 되었던 것입니다. 인지 편향은 그야말로
**아득한 옛날의 환경에는 적합했지만, 현대적인 도시 생활에서는
부적합해진** 대표적인 사례입니다.

농경이 시작되고 겨우 1만 년이 지났는데, 호모 사피엔스는
너무 멀리까지 걸어왔습니다. EEA에서는 적합했던 수많은
행동양식, 인지의 뼈대, 마음의 작용 원리가 부적합한
형질이 되고 말았죠. 우리의 진화보다 빠르게 제도와 기술이
진보하기 때문입니다.

환경과의 부조화.

그 때문에 우리의 마음은 오류를 떠안게 되었습니다.

정확히 말하면, 호모 사피엔스라는 존재 자체가 진화라는
메커니즘의 관점으로 보면 오류인 것입니다.

환경에 적응하지 못하는, 좀 모자란 종.

상처를 짊어진 동물.

생물학자 에드워드 윌슨Edward O. Wilson은 인간이라는 존재를
다음처럼 단적으로 표현했습니다.

우리는 석기 시대의 정서, 중세의 제도, 신과 같은 기술을
지닌 채 스타워즈Star Wars 문명을 구축해왔다.*

절묘한 요약이라고 생각합니다.
신체와 마음, 제도와 체제, 그리고 기술.
이 세 가지가 기막힐 만큼 어긋나 있습니다. 그 요소
하나하나의 생리적 시간, 진전의 기간이 너무나
뒤죽박죽이죠.

신체와 마음: 수만 년(수천 세대)

제도와 사회 체제: 수백 년(수십 세대)

기술: 수십~수 년(한 세대!)

수년 단위로 진보하는 기술에 떠밀려서 사회 체제는 수백
년에 걸쳐 변화합니다. 우리의 정신은 방치해두고서.

---

* 에드워드 윌슨 지음, 이한음 옮김, 『지구의 정복자』 사이언스북스 2013,
15면.

의학적 진보를 포함한 '기술'과 정치 및 경제 체제를
포함한 '제도'를 아울러 '문명'이라 부른다고 생각합니다.
그리고 더욱 넓은 의미로는 '문화'가 되겠죠.『진화와
인간행동』*이라는 책에서는 다음처럼 정의합니다.
문화란 "유전 정보로 이뤄지는 전달 외의 방법으로 집단
속에 있는 어느 개체에서 다른 개체로 전달되는 모든
정보"**라고.
유전을 제외한 발전. 진화에 기대지 않는, 신체 바깥에서
이뤄지는 전달.
즉, 호모 사피엔스는 다른 동물들이 적응 진화로 습득할
수밖에 없는 형질을 외부화함으로써 **환경 자체를 새롭게
바꿔버리는 종**인 것입니다. 바로 이 특성 때문에 진화의
관점에서 호모 사피엔스가 오류라고 했던 것입니다.
호모 사피엔스라는 종은 신체가 아니라 환경(=도시에
있는 제도·체제·기술)을 바꿔버림으로써 진화의 과정을
배신해왔습니다.

───── * 長谷川 寿一·長谷川 眞理子·大槻 久,『進化と人間行動 第2版』東京
大学出版会 2022.
**『進化と人間行動 第2版』p.305.

그런 외부화의 대표적인 사례가 바로 요리cook라는
기술입니다.

리처드 랭엄Richard Wrangham의 『요리 본능』*에 따르면 불을
사용한 '가열'이라는 행위는 호모 사피엔스의 소화 능력을
눈에 띄게 향상시켰습니다. 따뜻한 음식을 먹거나 마시면
안도감이 들고, 부드러운 음식을 맛있다고 느끼는 것은
'가열한 것은 소화가 잘된다.'라는 말의 또 다른 표현인
셈입니다. 호모 사피엔스 외의 영장류는 음식물 섭취에
하루의 대부분을 소비합니다. 씹어 삼키는 데도 시간이
걸리고, 소화에는 더욱 긴 시간이 필요하죠. 그 때문에
인간보다 훨씬 바쁜 것입니다.

인간은 요리라는 기술로 위, 소장, 대장 등 소화기(=신체)를
외부화했습니다.

기술, 도구로 하는 신체의 외부화.

호모 사피엔스는 외부화 덕분에 진화라는 아득히 긴 시간이
걸리는 공정을 거치지 않고도 소화를 더 잘할 수 있게
되었습니다. 그 결과, 우리는 가열하지 않은 날것으로는
충분히 영양분과 에너지를 흡수할 수 없게 되었죠. 가열하지
않은 음식물을 소화하기에 현재 우리의 소화기는 (그리고

———— * 조현욱 옮긴, 사이언스북스 2011.

입과 턱의 크기도) 지나치게 작습니다.

이처럼 문화는 신체(적응 진화)의 속도를 뛰어넘습니다.

호모 사피엔스가 불을 사용하는 요리로 무엇을 손에
넣었을까요? 바로 시간입니다.

신체 내부에서만 일어나던 소화 과정을 요리라는 외부에
맡김으로써 인간에게는 여유가 생겨났습니다. 문화는
여유에서 태어납니다. 여유가 없으면 생존에 직결되지 않는
문화 같은 것을 만들어낼 틈이 없죠. 게다가 원래는 섭취한
에너지의 일부를 소화기관이 움직이는 데 써야 하지만, 호모
사피엔스는 소화를 외부화함으로써 남은 에너지를 뇌에 줄
수 있게 되었습니다(뇌는 무게가 체중의 2.5퍼센트밖에 안
되지만, 기초대사 중 20퍼센트를 차지할 만큼 연비가 나쁜
기관입니다*). 더 많은 에너지를 받은 뇌는 생존에 필요한
제도와 기술을 더 많이 만들어냈죠.

수만 년 전에 머무르는 우리의 마음은 방치해둔 채.

그리하여 우리는 EEA라는 '낙원'에서 자기 자신을 내쫓고
말았습니다. 내쫓긴 것이 아닙니다. 우리는 직접 스스로를
EEA에서 쫓아냈습니다.

우리의 신체, 뇌, 마음은 태곳적의 환경과 조화를 이루고

———— *『요리 본능』 149면.

있습니다.

그렇지만 커져버린 뇌는 여유라는 잉여 시간을 아군 삼아 문명을, 문화를 만들어냈습니다. 그 문명은 생존을 보장해주었지만, '살아 있다는 느낌'과 '태어난 의미와 체감'까지 주지는 않았죠.

이것이 현재 우리의 삶이 고단한 까닭입니다. 이제 그 고단함은 호모 사피엔스라는 종의 운명이 되었다고도 할 수 있죠. (여담으로 요통과 어깨 결림 역시 이족 보행에 적합하지 않은 골격으로 생활해야 하는 우리의 운명입니다.)

그렇다면 우리는 어떻게 멸종하지 않고 지금까지 살아남았을까요?

환경에 적응하지 못한 종의 운명은 멸종밖에 없을 것입니다. 그런데 우리는 어째서인지 여전히 멸종되지 않았습니다. 그 이유는 다음과 같습니다.

진화의 과정, 즉 환경 변화 및 그에 대응하는 적응 진화의 과정에서 벗어난 우리의 마음이, 서로 돕고, **서로 돌보게 되었기** 때문이다.

달리 표현하면, 인간은 돌봄 없이는 살아갈 수 없는 종인 것입니다.

돌봄과 이타.

그 덕분에 인간은 간신히 생존했고, 살아 있다는 체감을 손에 넣을 수 있었습니다.
그렇다면 돌봄과 이타란 무엇일까요?
일단 지금은 이타라는 말의 윤곽, 다시 말해 이타 개념의 대략적인 정의를 확인해보겠습니다.

이타란 무엇인가

이타利他라는 말을 처음 들어볼지도 모르겠습니다.
하지만 이타와 한 쌍을 이루는 개념인 '이기利己' 혹은 '이기적'은 일상에서도 자주 사용하는 말이죠. "저 사람은 이기적이야."라는 말을 들으면, 타인의 마음이나 이익을 무시하고 자기의 이해득실만 따지는 사람을 가리키는 말이라고 받아들일 것입니다. 이기적인 사람이란 간단히 말해 약아빠진 사람이라고 할 수도 있죠. 즉, '이기적'이란 상대방을 고려하지 않고 자신만 생각하며 자기의 이익만 우선하는 언동을 가리키는 관형사라고 할 수 있습니다.
지금 말한 '이기적'의 의미를 뒤집어보면 '이타' 혹은 '이타적'이라는 개념의 대략적인 정의가 드러날 것 같습니다.

이타란 '상대방을 고려하여 도와주거나, 상대방을 위해
무언가를 하거나, 무언가를 주는 것'이라고 말이죠.

아니면 거기에 '자신의 이익을 희생해서라도'라는 조건을
붙이는 게 적절할 수 있겠습니다. 즉, 자기 이익의 추구를
굳이 포기하면서 타인을 위해 힘쓰는 것. 그것이 이타라고
말이죠.

이쯤에서 진화심리학의 '적응도'라는 지표를
참고하겠습니다. 적응도란 자연선택에 대한 개체의
유리함이 어느 정도인지 나타내는 지표로, 자신의 유전자를
다음 세대에 남길 수 있는 가능성을 의미합니다. 적응도
개념을 가져오면 이타적 행동을 다음처럼 정의할 수도
있습니다.

이타란 **'자기 자신의 적응도를 낮추면서까지 다른 개체의 적응도를
높이는 행동'**이라고. '살아남는 것'과 '스스로를 증식하는 것'.
적응도란 이 두 가지 요소의 곱셈이며, 이타적 행동이란
자신이 생존하고 증식할 기회를 팽개친 채 다른 개체의
생존과 증식 기회를 향상시키는 것이라 할 수 있습니다.

이와 관련해 진화생물학이 오랫동안 고찰한 역설이
있습니다.

앞서 말했듯 이타적 행동은 다른 개체를 도와줌으로써
자신의 적응도를 스스로 낮추고 생존 확률을 희생시킵니다.

그처럼 이타적인 개체 주위에 '타인으로부터 많은 은혜를 입지만, 정작 자신은 타인에게 아무것도 주지 않는' 배신자(=무임승차자)가 있는 경우, 많은 이익을 얻는 배신자의 적응도는 점점 높아지고 이타적 개체는 그 정의에 따라 적응도가 점점 낮아지겠죠. 그처럼 개체별 적응도 차이가 있는 상황에서 자연선택이 거듭되면 이기적인 무임승차자는 점점 늘어나고 이타적인 개체는 점점 도태될 것입니다. 하지만 그런 진화의 메커니즘이 있음에도 불구하고 인간이라는 종은 여전히 혈연관계가 아닌 타인(유전적 관계가 없는 사람)을 위해서도 이타적인 행동을 합니다.

진화론에 있는 '이타의 역설'은 이렇게 성립됩니다. 지금까지 이 역설을 설명하기 위해 여러 가설이 등장했지만, 수수께끼를 밝히는 결정적인 주장은 아직 존재하지 않습니다. 하지만 이 문제의 단서는 진화론에 결정적 실마리를 제공한 찰스 다윈도 눈치채고 있었습니다. 다윈은 인간이 갖춘 양심과 도덕이 어떻게 자연선택이라는 메커니즘 속에서 발생하는지 고찰했던 것입니다.

사람만이 수치 때문에 얼굴을 붉힌다

다윈은 '도덕 감정에 관한 모든 의문의 핵심인 중요
요소'라고 표현하면서 다음과 같은 의문을 제기했습니다.

> 자기보존 의식이 강하게 생겨나 동료의 생명을 구하는
> 위험스러운 일을 외면한 후, 우리가 비통하게 후회하는
> 이유는 무엇인가? 배가 고파 음식을 훔친 것에 대해
> 인간은 왜 후회하는가?*

많은 사람들이 인간과 그 밖의 동물을 구분하는 기준은
지적 능력의 차이라고 생각하지만, 다윈은 지적 능력은
정도의 차이만 있을 뿐이며, 질적 차이가 있지는 않다고
지적했습니다. 그는 "도덕 감정이야말로 인간과 하등
동물을 구분하는 가장 크고 강력한 차이일 것이다."라고
했죠.
앞서 인용한 후회에 대한 의문과 함께 보면 다윈의
진화심리학적인 고찰에서 흥미로운 점이 드러나는데, 바로
그가 '수치'라는 감정을 조사했다는 것입니다.

───────   * 찰스 다윈 지음, 김관선 옮김, 『인간의 유래 1』 한길사 2025, 184면.

다윈은 수치심 때문에 얼굴이 붉어지는 것은 인간밖에 없고, 홍조라는 표현 방식이 특정 인종에 한정되지 않으며 지구상에 보편적으로 존재한다는 사실을 알았습니다. 과학적 결론을 내리는 데 신중했던 다윈은 당시 전 세계에 퍼져 있던 식민지의 행정관과 선교사에게 편지를 보내서 유럽 외 지역의 민족도 부끄러우면 얼굴을 붉히는지 물어보았죠. 그 결과, 수치 때문에 얼굴을 붉히는 현상이 일부 집단에서 문화적으로 벌어지는 것이 아니라 인간의 강한 유전적 요소에 기초한 것이 틀림없다고 추정할 수 있었습니다.

다윈은 다음과 같은 사실을 알아차렸습니다.

> **얼굴을 붉히는** 것은 모든 표현 중에서 가장 독특하고 **가장 인간적인** 특징이다. 원숭이들이 흥분하면 얼굴이 붉어지지만, 어떤 동물이 얼굴을 붉힐 수 있다고 믿으려면 상당한 양의 증거가 필요하다. (…) 우리는 피부를 간질임으로써 웃음을 일으킬 수 있고, 타격을 통해 눈물을 흘리거나 얼굴을 찡그리게 할 수 있으며, 고통에 대한 두려움으로 전율이 일어나게 할 수 있다. (…) 우리는 어떤 육체적 수단을 통해서도, 다시 말해 신체를 자극함으로써 얼굴을 붉힐 수 없다.[*]

후회와 수치. 혹은 죄책감과 수치. 우리에게는 본래 그
감정의 기초가 탑재되어 있다는 말입니다.

규칙에서 일탈하다

그러면 이 두 가지 감정은 어떤 순간 발동할까요?
우리는 어떤 맥락에서 죄책감 혹은 수치심을 느낄까요?
바로 '규칙에서 일탈한 상황'입니다.
'규칙'이란 '이래야 마땅하다.' 혹은 '해야 한다.' '그러지
않으면 안 된다.' 같은 어미를 지닌 모든 것을 가리킵니다.
조금 딱딱하게 표현하면 규범성이라고 하죠. 인간은
심지어 그 규범성을 내면화하는 데 성공한 지구상의
유일한 종이라고 할 수 있습니다. 우리는 타인과 공동체가
강한 제재를 가하지 않아도 혼자서 죄책감이나 수치심을
(본래는) 느낄 수 있습니다. 이를테면 지인이 전혀 없는
곳으로 보내는 귀양, 생명을 빼앗는 사형 같은 외부의 강한
벌칙이 없어도 우리 내면에서 수치심이나 죄의식을 느끼는
벌칙이 먼저 기능하면 앞서 언급한 이기적 개체 문제는

———— * 찰스 다윈 지음, 김성한 옮김, 『인간과 동물의 감정 표현』 사이언스북스
2020, 417면, 강조는 인용자가 했다.

웬만큼 억제할 수 있습니다.

가령, 당신이 '다정한 사람이 되고 싶다'고 생각한다면, 그렇게 바라는 이유는 '그때는 다정하지 못했다.'라고 생각하기 때문 아닐까요? 만약 그렇다면, 그 생각에는 틀림없이 규범성이 깃들어 있습니다. '그때 그 사람에게 다정했어야 했는데, 그러지 못했다.'라는 자책감에는 '다정했어야 하는 상황이었다.'라는 규범에 대한 인식이 숨어 있기 때문입니다.

곰곰이 생각해보면 자책과 후회는 고도의 인지적 작업입니다.

왜냐하면 그 작업은 규범성뿐 아니라 가능성까지 내포하기 때문입니다.

좀더 자세히 살펴보겠습니다.

'그때 나는 A라는 행위를 했어야 했다(혹은 해서는 안 됐다).'라는 후회가 성립하기 위해서는 그보다 앞서 '해야 했다(혹은 해서는 안 됐다).'라는 규범성을 인식함과 동시에 'A를 할 수 있었다(혹은 A를 하지 않을 수 있었다).'라는 과거의 가능성에 관한 인식이 필요합니다.

규범성에 관한 인식과 가능성에 관한 인식이 모두 있을 때 비로소 성립하는 것이 후회라는 지적 작업입니다. 이 고도의 인지적 작업 덕분에 우리는 사회적 규범에서 너무나 일탈한 행위를 스스로 억제할 수 있습니다. 간단하게 말하면 반성과 학습이 가능하다는 것이죠.

정신분석을 창시한 지그문트 프로이트Sigmund Freud는 그처럼 나의 내면에서 나(자아)를 감시하고 'OO해야 한다'는 규범성을 담당하는 더욱 높은 차원의 나를 '초자아'라고 불렀습니다. 초자아는 내면에 존재하며 '나의 마땅한 모습', 즉 '이상적인 나'를 지시하는 기능의 또 다른 이름이죠. 앞서 이타와 관련해 언급한 '이기적 개체 문제'는 고도로 내면화된 초자아의 기능이 관여함으로써 어느 정도 억제할 수 있습니다. 아마도 이것이 우리가 지니고 있는 초자아(내면화된 도덕심, 양심)의 자연사적 기능일 것입니다.

후회란, 누군가를 위해 이타를 발휘할 수 있게 된 우리가 갖춘 고귀한 마음입니다.

그리고 후회라는 올바른 생물학적·인간적 기능에는 생각지 못한 부산물이 있습니다. 부산물이라는 점에서 그것은 맹목적인 설계자인 자연선택이 의도하지 않은 '오류'라고도 할 수 있죠. 그 오류란, 바로 '자유'라는 개념입니다.

후회에 깃든 규범성과 가능성은 이중의 의미로 자유를 발생시킵니다.

규범성과 관련해서는 준수해야 하는 규범(=규칙)을 깼다는

'파격'의 자유가 있습니다. 그리고 가능성과 관련해서는 '그때 내게는 (규범을 지킬지 말지) 선택할 자유가 있었다.'라는 형식의 과거를 돌아보며 구성되는 자유, 다시 말해 현재(및 미래)가 원인이 되어 과거에서 발생하는 역전된 형식의 자유가 있습니다.

다윈이 정확히 지적했듯이 후회와 수치라는 기능이 우리를 자연과 한 몸이 되어 본능만 따르는 '부자유'한 동물, 환경에 적응하고 진화하는 형태로 환경에 구속된 '부자유'한 동물에서 스스로 환경을 변화시킬 수 있는 '자유로운' 동물로 도약시킨 것입니다.

후회라는 과정에서 우리는 인간적인 자유를 회복합니다. 후회가 그때 나는 자유로웠다는 사실을 알려줍니다. 그리고 바로 그 때문에 자유라는 것은 가혹합니다.

호모 사피엔스만이 가능한 갈등

유명 록 밴드 범프 오브 치킨BUMP OF CHICKEN의 「메이데이メーデー」라는 곡의 가사에는 다음과 같은 구절이 있습니다.

너에게 미움받은 너의 침묵이 들렸어

네 눈앞에 있는데 멀리서 들렸어

훌륭한 시적 표현이며, 그와 동시에 중요한 철학적
지적이라고 저는 생각합니다.

이 짧은 가사에는 세 가지 뒤틀림이 담겨 있습니다.

뒤틀림, 혹은 모순이라고 할 수도 있죠.

첫 번째는 "너에게 미움받은 너", 즉 '자기혐오'라는
현상입니다. 곰곰이 생각해보면 자기혐오는 불가사의한
현상입니다. 애초에 '혐오'하려면 주체와 대상이라는 두
존재가 있어야 합니다. 그런데 자기혐오의 경우에는 주체와
대상의 자리에 똑같이 '자기 자신'이 대입되죠. 다시 말해
자기혐오라는 현상에는 '자기 자신'이 (적어도) 두 사람
존재한다는 의미가 담겨 있는 것입니다.

자아의 자기 자신과 초자아의 자기 자신.

이 두 사람이 존재합니다.

호모 사피엔스 외에는 불가능한 곡예입니다. 동물들이
얼굴을 붉히지 않는 이상 우리는 그들의 초자아를 관측할
수 없습니다. 애초에 동물은 규범과 이상을 담당하는
초자아와 현실의 의식으로서 존재하는 내가 서로 어긋나지
않기 때문입니다. 그 때문에 그들에게는 '갈등'이 존재하지

않습니다. 그들은 갈등할 수가 없습니다. 오로지 호모 사피엔스만이 갈등할 수 있지요.

자아와 초자아의 엇갈림, 뒤틀림, 모순, 갈등, 동요를 우리는 '마음'이라고 총칭합니다. 이것이 이후 이 책에서 논할 주제입니다. 그렇기 때문에 저에게는 앞서 인용한 가사가 우리 마음의 정체를 밝혀내는 분명한 철학적 표현으로 보인 것입니다.

사람은 상대방의 언동에 숨은 모순, 갈등, 동요를 볼 수 있습니다. 자아와 초자아 사이에서 꼼짝 못 하고 어느 쪽도 선택하지 못하는 그 사람을 볼 수 있습니다. 그 운동을, 그 자아와 초자아의 관계를 마음이라고 부를 수 있다면, 마음이란 결코 꽁꽁 숨겨진 것이 아닙니다.

"중요한 것은 눈에 보이지 않아."

생텍쥐페리는 『어린 왕자』를 통해 우리에게 그렇게 말했습니다.

하지만 정말로 눈에 보이지 않을까요?

아니, 눈에 보이지 않는 건 맞습니다.

그렇지만 눈에 보이지 않는다는 전제로부터 '그러므로 타인의 마음은 알 수 없다.'라는 논리적 결론을 이끌어낼 수는 없습니다. 만약 타인의 마음은 알 수 없다는 결론을 내린다면, 그것은 논리가 아니라 체념입니다. 타인과의

관계를 거절하는 것입니다. 즉, 두려워하는 것입니다. 그에
비해 눈에 보이지 않는다는 전제를 인정하면서 '하지만
그래도 타인의 마음에 닿을 수는 있다.'라고 이야기하기
위해 필요한 것은, 바로 용기입니다.

배려 없는 이타는 엇갈린다

자, 이제 '이타' 개념을 더욱 깊이 파고들려고 합니다만, 먼저
참고삼아 철학자 알랭Alain*이 제시한 정의를 소개합니다.
알랭은 이타를 다음처럼 정의했습니다.

> 애타주의愛他主義, altruisme
>
> 이것은 이기주의의 반대에 있다. 애타주의는 다른
> 사람들을 (…) 생각하는 성격, 그들이 무엇을
> 생각하는지, 무엇을 느끼는지, 무엇을 희망하는지,
> 무엇을 원하는지, 무엇을 바랄 것인지, 무엇을 참지
> 못하는지 등을 생각하는 성격이다. 애타주의는 스스로를
> 타인의 자리에 놓는 것이다. 그러므로 타인들이

----

* 20세기 프랑스를 대표하는 철학자 중 한 명. 알랭은 필명이며, 본명은
에밀오귀스트 샤르티에(Émile-Auguste Chartier).

표명하는, 혹은 타인들이 표명하리라 예상되는 감탄과
비난에 강한 영향을 받는다.

또한 알랭은 애타주의보다 앞서 쓴 이기주의에 대해
다음처럼 정의했습니다.

> 이기주의_égoisme_
>
> 신체의 기로와 연관된 사고이며, 쾌락을 수량화하고
> 선택하듯이, 고통과 병을 예견하고 멀리하는 데 전념하는
> 사고다. 만약 이기주의가 영혼으로부터 수치스러운
> 정서, 비겁함, 죄, 악덕을 멀리 떨어뜨리기 위해 영혼을
> 감시한다면, 이기주의는 일종의 도덕이 될 것이다.
> 하지만 이기주의는 그 용법상 의미의 확대를 금지하고
> 있다.

요컨대 이런 이야기입니다.
이타가 가능하다면, 그것은 나라는 "신체의 기로와 연관된
사고"로부터 동떨어진 것이다. 그와 동시에 이타는 내가
느끼는 쾌락과 효용을 수량화하지 않고 상대방이 소중히
아끼는 것을 파악할 수 있어야 한다.
어려움에 처한 타인을 구하는 것, 혹은 구하고 싶다고 돕고

싶다고 바라는 것. 이런 마음을 한 단어로 표현해 '이타'라고
할 수 있으리라 생각합니다. 하지만 여기에는 어떤 어려움이
숨어 있습니다. 타인을 구하려면, 그 타인을 이해해야
한다는 것입니다.

달리 말하면 타인을 구한다는 의도적 행위에는 타인을
이해한다는 앞선 단계가 있는 것입니다.

예컨대 요즘 세상에는 '불편한 친절'이라는 말이 있는데,
이 말은 누군가를 위해 의식적으로 한 이타적 언동이 정작
상대방에게는 선의를 밀어붙이는 것으로 여겨지는 일을
가리킵니다.

불편한 친절을 받은 우리는 말문이 막힙니다.

그 친절을 잘 받기도, 깔끔하게 거절하기도 어렵습니다.

이러지도 저러지도 못하는 사이에 마음은 무거워집니다.

'내게 보낸 선의에 무언가 답례해야 해.'

이 도덕이 우리의 마음을 천천히, 하지만 확실히
구속합니다. 그렇기 때문에 이타를 하는 사람에게는
상대방에 대한 '배려'가 필요합니다.

배려 없는 이타는 엇갈리고 맙니다.

이 엇갈림은 다음과 같은 우화를 통해 쉽게 이해할 수
있습니다.

어느 날, 여우가 두루미를 식사에 초대했습니다. 여우는
평평한 그릇에 수프를 담아 주었는데, 부리가 긴 두루미는
수프를 먹을 수 없었습니다. 평평한 그릇은 여우에게 먹기
편한 것이었죠. 두루미는 수프를 먹지 못했지만, 어쨌든
초대에 대한 답례로 자신도 여우에게 식사를 대접했습니다.
두루미는 주둥이가 길고 가느다란 병에 고기를 담아서
여우에게 주었습니다. 부리가 없는 여우는 고기를 먹을 수
없었죠.

단순한 선의였지만 상대방의 신체적 특징과 식사 방식을
알려고 하지 않았기 때문에 여우와 두루미는 서로
엇갈렸습니다.

서로를 위하는 마음이 헛바퀴를 돌고 그 행위는
엇갈렸습니다. 이 엇갈림의 밑바탕에는 '상대방은 나와
비슷한 존재다.'라는 인식이 있습니다.

역설적이지만 '나와 당신은 비슷하다.'라고 인식하면
엇갈리고, '나와 당신은 서로 다른 존재다.'라고 깨달으면
비로소 바른 관계로 이어지는 길이 열리는 것입니다.

당신에게 소중한 것과 내게 소중한 것은 서로 다르다.

바로 이런 인식에서 이타가 시작됩니다.

그리고 바로 이 지점에서 우리는 다윈 그리고 진화론과
멀어져야 합니다.

진화생물학에서 논의되는 이타적 행동 분석의 대부분은
침팬지, 고릴라, 보노보처럼 지능이 높은 영장류의 행동에서
얻은 지식, 그리고 도시 환경이 아닌 곳에서 생활하는
현대 수렵채집민의 행동을 문화인류학적으로 분석하여
얻은 지식, 주로 이 두 가지에 기초해서 이뤄집니다(물론
고고학이나 지질학 등과 모순이 없도록 가설을 세운다는
점에서 영장류 연구와 문화인류학 연구 외의 지식도
동원된다고 할 수 있습니다).

그렇다면 우리는 어째서 진화론적 논의에서 멀어져야
할까요? 우리 사회가 영장류 사회보다, 수렵채집민
사회보다 훨씬 복잡하고 자연과 멀리 떨어진 문명·문화
속에 있기 때문입니다.

한마디로 다양성 때문입니다.

문명과 문화가 앞으로 나아갈수록 이타는 어려워집니다.
이것은 그저 근대적 전제가 아니라 문명과 문화의 근본적
문제입니다. 왜냐하면 문화가 발전하여 복잡해질수록 나와
당신 사이에 소중한 것을 공유할 수 없어지기 때문입니다.
예를 들어 서로 다른 종교를 믿는 사람 사이를 생각해보면
이해하기 쉬울 것입니다. 서로 다른 종교 체계 아래에 있는

사람들이 종종 대립하고 마는 이유는 무엇일까요?

그 이유는 서로가 무엇을 소중히 여기는지 공유하지 못한 채, 한쪽이 자신에게 소중한 것을 지키려다 다른 쪽의 소중한 것을 위협하거나 훼손해서 결국 양립할 수 없게 되는 흐름이 존재하기 때문입니다.

소중한 것에 관한 인식의 통약 불가능성incommensurability.*

혹은 우리 한 사람 한 사람이 소중히 여기는 것의 복잡성.

이런 성질을 '거대 서사grand récit**의 실효失效'라고 바꿔 말할 수도 있습니다.

현대 사회의 '다양성'이란 그런 일을 가리킵니다.

그렇기 때문에 **다양성의 시대란, 우리의 선의가 헛도는 시대**인 것입니다.

작게 이야기하면 다양성이란 성장하는 환경이 서로 다르기 때문에 요구되는 것들입니다. 그리고 물론 다양성 개념에는 성과 관련한 것도 포함되죠.

더욱 현대적이고 일상적인 사례로 이야기하면 바로

---

* 과학철학에서 비롯된 용어로 서로 다른 패러다임, 도덕 체계, 개념 체계 등을 공통의 기준으로 직접 비교하거나 이해할 수 없는 상태를 가리킨다.
** 프랑스 철학자 장프랑수아 리오타르가 『포스트모던의 조건』(유정완 옮김, 민음사 2018)에서 제창한 개념. 모든 역사적 사건에 의미를 부여하는 거대한 '서사의 틀'을 의미한다. 리오타르는 근대주의가 세상을 석권한 시대를 '거대 서사가 존재한 시대'라고 했고, 거대 서사가 무너진 시대를 '포스트모던'이라고 했다.

'최애'라는 문화가 있습니다. 가수, 아이돌, 애니메이션 작품, 캐릭터 등에 품는 강한 애착을 가리키는데, 친구 사이나 부모 자식 간이라 해도 '최애'는 제각각 다릅니다.

그에 비해 영장류 사회와 전통적인 생활양식을 지닌 수렵채집민 사회에서는 먹을거리 같은 자원이 한정되기 때문에 그 사회의 주체들이 삶에서 소중하게 여기는 것들이 매우 널리 공유됩니다. 혹은 부족 사회를 예로 들면, 그 지역과 사회에 뿌리를 내린 종교와 신화와 영성을 공유하기 때문에 '무엇이 소중한 것인가?'라는 질문에 대한 답이 쉽게 일치하죠. 소중한 것들이 몇 안 되는 사회라는 말입니다. 즉, 거대 서사가 제대로 기능하는 사회입니다.

그렇다면 현대의 우리는 어떨까요?

각자가 '소중하다 여기는 것'이 한없이 흩어진 것 같지 않나요?

그 때문에 다윈의 다음 지적은 현대적인 근대사회를 모범으로 삼는 호모 사피엔스에게는 해당하지 않는 듯합니다.

> 나는 아주 최근에 인간이 갖는 도덕 구조의 으뜸 원리인 사회적 본능이 활발한 지적 능력과 습성 효과의 도움을 받아 자연스럽게 황금률로 이끌었다는 것을 보여주려고

노력했다. 그 규칙은 다음과 같다. "남이 그대들에게
해주기를 원하는 대로 남에게 해주어라."*

'타인이 자신에게 해주길 바라는 대로 타인을 대하라.'
이 황금률은 상대방과 내가 무엇을 중요하게 여기는지,
무엇을 훌륭하다고 보는지, 무엇을 추악하다 느끼는지,
무엇을 편안하게 받아들이는지 등을 공유하는 경우에만
이타가 될 수 있습니다. 이 도덕률(황금률)은 '당신과 나는
비슷한 존재다.' '당신과 나는 같은 존재나 다름없다.'라는
전제가 없으면 성립될 수 없죠.
오늘날을 살아가는 우리는 소중히 여기는 것이 한 사람 한
사람 모두 다릅니다. 그런 것이 다양성의 시대입니다.
오로지 이런 인식이 바탕에 있을 때만 이타가 타인에게
닿을 수 있습니다. 그러지 않으면 내 선의는 그저 이타를
밀어붙이는 것, 불편한 친절, 정의의 강요, 때로는 도덕의
폭주로 치닫고 맙니다.
그러니 다양성의 시대인 현대의 황금률은 '타인이 소중히
여기는 것을 존중하라.'가 되지 않을까요? 그리고 내가
아닌 당신이 소중히 여기는 것은 내 눈에 보이지 않습니다.

———— *『인간의 유래 1』 207면.

하지만 그럼에도 이타가 가능하다면, 이타의 정의는 다음과
같을 것입니다.

　　이타란 자신에게 소중한 것보다도 타인에게 소중한 것을
우선하는 것이다.

이것이 이 책에서 말하는 이타의 정의입니다.
여기서 주의해야 하는 점은 '주고 싶다'든지 '해주고 싶다'
같은 나의 생각이 이타의 정의에 포함되지 않는다는
것입니다. 이타가 강압처럼 되어버리는 순간은 바로 타인의
소중한 것을 무시하고 내가 주고 싶은 것만 밀어붙일
때입니다. 그런 식으로는 이타가 시작될 수 없습니다. 주는
쪽의 바람만이 앞서 나가면 받는 사람을 자신의 선의를
과시하기 위한 수단으로 이용하게 되죠.

소중한 것은 눈에 보이지 않는다

자, 이타의 정의까지 도착했습니다. 지금까지 이야기한 것에
기초하니 '소중한 것은 눈에 보이지 않는다.'라는 사실을
전제로 삼는 것이 중요해졌습니다. 이번에는 그 주장이

참인지 증명해보겠습니다.

가령 할아버지에게 물려받은 내 소중한 시계. 시계
자체는 분명히 눈에 보입니다. 하지만 '할아버지에게
물려받았다'는, 시계와 나와 할아버지의 관계는 보이지
않죠.

A와 B 자체는 눈에 보인다 해도 'A와 B의 관계'는 보이지
않습니다.

별은 보이지만 별자리는 보이지 않는 것과 마찬가지입니다.
밤하늘에 별과 별을 잇는 선은 존재하지 않습니다. 별들을
이으려는 의지가 없으면 별자리는 존재할 수 없죠.

그렇다면 시계와 나와 할아버지를 잇는 별자리는 어떻게
모습을 드러낼까요? 바로 그 시계를 둘러싼 '이야기'에서
별자리가 그려집니다. 그리고 그 이야기는 타인의 물음에
내가 응답할 때 비로소 나타납니다. "이 시계는 말이지.
내 할아버지가 주신 건데, 오늘처럼 중요한 날에는 꼭
이 시계를 차."라는 말 속에서, 그 이야기 속에서 시계와
나와 할아버지, 그리고 오늘처럼 중요한 날이라는 별들이
선으로 연결되어 별자리를 그립니다. 그리고 그 별자리를
본 사람은, 내 별자리를 볼 수 있었던 타인은 그 별자리에
더해지는 새로운 별이 됩니다. 왜냐하면 내 이야기는 오로지
그 타인을 향한 것이기 때문입니다.

별을 올려다보고, 별자리를 아는 것. 그리고 그런
별자리야말로 마음입니다.

이런 인식으로부터 이타와 돌봄이 시작됩니다.

그렇다고 하면, 소중한 것이 엮어내는 별자리는 당신과
나 '사이'에 있다고 할 수 있습니다. 당신에게 질문을 받고,
청을 받고, 내가 응답하려 하는 그 '사이'에 별자리는 모습을
드러냅니다.

소중히 아끼는 것은 사물로 존재하지 않습니다. 그것은
관계이기 때문입니다.

소중한 것은 당신과 나 사이에 말로 전해지는 이야기로서
그 윤곽을 드러냅니다.

소중한 것이라서 쉽게 부서진다

이타를 (그리고 다음 장에서 돌봄을) 생각할 때 '소중히
아끼는 것'이 핵심적인 역할을 한다는 점을 소개했습니다.
그와 관련해서 중요한 이야기를 이번 장의 마지막에
하겠습니다.

소중한 것은 눈에 보이지 않지만, **소중한 것이 소중히 아껴지지
않는 것은 눈에 보인다.**

왜냐하면 소중한 것이 소중히 아껴지지 않았을 때, 사람은 **상처 입기** 때문입니다.

소중한 것 자체는 확실히 눈에 안 보이지만, 상처는 보입니다.

이를테면, 상처의 기억을 일으키는 어느 장면과 마주했을 때, 사람은 절로 눈을 돌립니다.

가령 어떤 말에 상처 입었을 때, 우리는 다음 말을 머뭇거립니다. 그리고 표정이 어두워집니다. 방금 전까지 그렇게 활기찼는데 갑자기 오늘은 그만 가겠다며 자리를 떠납니다. 아니면 기뻐해야 하는 상황인데 떨떠름한 표정을 짓거나 아예 화를 내기도 하죠.

이처럼 예상과 다른 언동을 목격했을 때, 왠지 느닷없이 연극의 장면이 바뀐 것 같지 않나요? 아니, 지금까지 문제없이 진행되던 연극 자체가 갑자기 전혀 다른 극으로 바뀌어버린 것 같지 않나요?

흔히 지뢰를 밟았다고 하는 장면이죠.

지뢰는 밟을 수 있습니다. 지뢰를 밟으면, 상처가 노출됩니다. 묻어두었던, 눈에 보이지 않는 지뢰가 터졌을 때, 지면을 덮고 있던 단단한 아스팔트에 금이 가고 그 아래 숨겨져 있던 대지가 얼굴을 드러냅니다.

여기에 상처가 있었다.

그리고 그 상처는 일찍이 여기에 소중한 것이 있었음을
이야기해줍니다.

일본어로 '슬프다'를 뜻하는 'かなしい카나시이'는 오래전
'슬프다'와 함께 '사랑스럽다'도 의미했습니다.

어째서 슬픔과 사랑이 이어질까요?

그 이유는, 우리가 오직 소중한 것을 상실했을 때만 슬퍼할
수 있기 때문이라고 생각합니다. 나에게 아무래도 상관없는
것에 대해 우리는 슬퍼할 수 없습니다.

소중함이라는 개념은 사랑과 연결되어 있습니다.

일본어 어원사전에서 '소중하다'를 찾아보면 다음처럼 쓰여
있습니다.

> 중세 말에 쓰인 일본 가톨릭교도의 자료에서는
> '사랑amor'의 역어로 '소중하다'를 대응시킨다.[*]

서양에서 유래한 이른바 사랑이라는 개념을 당시 일본어로
옮기려 했을 때, '愛사랑 애'라는 한자를 쓰기는 적절하지
않았습니다. 그 때문에 당시 사람들이 사랑이라는 개념과
어감이 가까웠을 '소중하다'를 역어로 선택했겠죠.

———— [*] 小松 寿雄, 鈴木 英夫(編), 『新明解語源辞典』 三省堂 2011.

같은 어원사전에서 '귀엽다'를 찾아보면 "사랑스러운
모습. 소중히 지켜주고 싶은 모습."이 나옵니다. 더 나아가
일본어 사전에서 '소중하다'의 뜻풀이를 보면 "너무 많이
사용하거나 함부로 다루지 않도록 조심하는 모습"이라는
의미가 쓰여 있죠. 사전에서 찾은 내용을 뒤집어보면,
소중한 것은 지나치게 사용하거나 함부로 다룰 때
부서지거나 없어질 수 있다는 말입니다.
부서지기 쉬워서 소중한 것이 된다는 말이 아닙니다.
소중하기에 부서지기 쉬운 것이죠.
우리가 지닌 인지의 구조상 그렇게 됩니다.
무슨 말이냐고요?
현재 눈앞에 당신의 소중한 것이 있다고 가정해봅시다. 그
순간 당신의 인지 속에는 '혹시 이게 없어지면 어쩌지.'라는
걱정과 불안이 있을 것입니다. 즉, 나의 소중한 대상은
상상 속에서 몇 번이나 부서지는 것입니다. 우리가 상실을
두려워하는 이유는 그 상실을 상상하기 때문입니다. 그 결과
소중한 것은 부서지기 쉬운 것이 되죠.

다시 한 번 강조합니다.

소중한 것은 눈에 보이지 않는다.

이 말은 틀림없는 사실입니다. 왜냐하면 소중한 것이란,

바로 그 대상과 주체의 관계이기 때문입니다. 관계 자체는

눈에 보이지 않죠.

그렇지만 상처는 보입니다. 상처 입은 때의 모습은 행동

속에, 언어 속에 드러납니다.

그렇다면 지금 말하는 상처란 무엇일까요?

저는 '상처'를 다음처럼 정의하겠습니다.

내게 소중한 것이 소중히 여겨지지 않았을 때 일어나는
마음의 변화 및 그 기억.
그리고 내게 소중한 것을 **소중히 여기지 못했을 때**
일어나는 마음의 변화 및 그 기억.

전자는 나의 소중한 것을 타인이 깔보거나 함부로 대하거나

무시할 때 생기는 상처입니다. 즉, 타인이 입힌 상처죠. 그에

비해 후자는 내 소중한 것을 나 자신이 아끼지 못했을 때

생기는 상처, 즉 내가 입힌 상처입니다.

두 상처에 공통되는 현상으로 '소중한 것과의 관계 단절'이
있습니다. 하지만 두 상처 중 무엇이 더 근본적인가 하면,
바로 후자인 내가 입힌 상처입니다.

왜냐하면 타인이 어떤 상처를 입히든, 우리의 인지
메커니즘이 그 상처를 전부 내가 입힌 상처로 변환해버리기
때문입니다.

예를 들어 '생존자의 죄책감'이라는 현상이 있습니다.
전쟁이나 자연재해에서 친구와 가족 등을 잃었지만 자기는
살아남은 사람이 느끼는 죄책감을 가리키는 말입니다.
기본적으로 전쟁도 자연재해도 외부에서 닥쳐오는
상처입니다. 그럼에도 불구하고 생존자는 '왜 그 사람은
죽고 나는 살아남았을까?' '나는 왜 한 발 먼저 그곳에서
벗어났을까?'라며 고뇌하고 맙니다. 즉, 객관적으로 보면
각자의 운명이 달라진 것은 그저 우연일 뿐임에도 '내가
그런 걸 한 탓에'라든지 '내가 그걸 하지 않아서'라고
외부에서 온 상처를 자신이 입힌 상처로 변환하는 것입니다.
전쟁과 자연재해 같은 비일상적인 사건에서만 그런 일이
일어나지는 않습니다.

소중한 사람과 더 이상 만날 수 없게 되었을 때, 우리는
자연스레 '그때 더 소중히 대할걸.' '나는 왜 그때 당신의
상처를 눈치채지 못했을까.'라는 식으로 상처를 짊어집니다.

혹은 '구해줄 수 없다면, 차라리 비슷하게 상처라도 입는
게 나았을 텐데.' '왜 당신만 상처 입고, 나는 멀쩡할까.'라고
타인의 상처를 둘러싼 상처를 짊어지죠. 누군가에게
다정하고 싶다는 바람은 '나는 그때 다정하지 못했다.'라는
실패의 기억이 있기 때문에 생겨나지 않을까요?
이런 경로를 따라서 돌봄론, 이타론은 상처에 관한 논의와
연결되는 것입니다.

    1장 다양성의 시대, 돌봄은 필연적이다

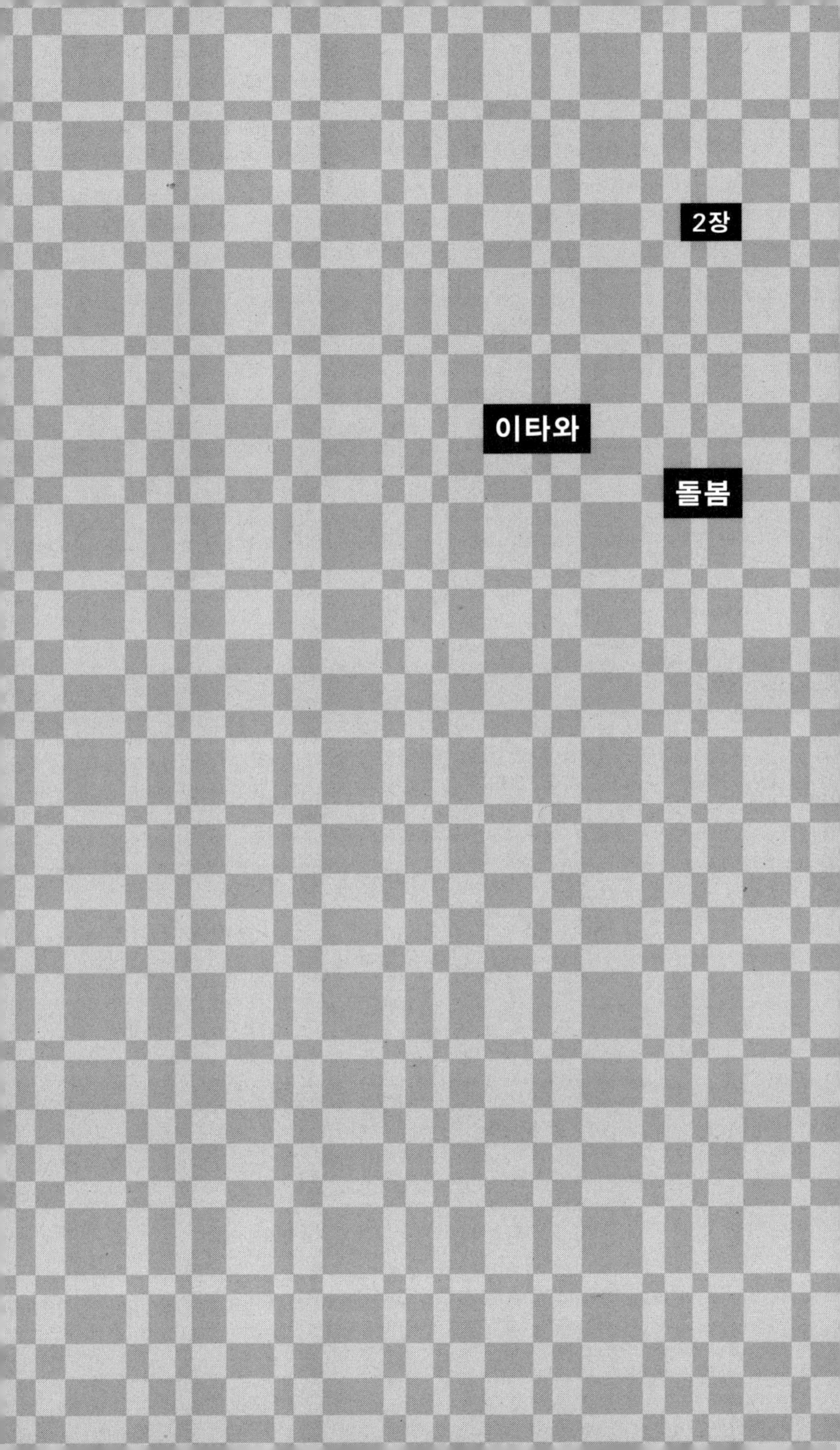

2장
이타와
돌봄

현재 당신이 자동차를 소유하고 있다고 가정하겠습니다.

1년 동안 당신의 자동차 한 대에 돈이 얼마나 들까요?

자가용이 없다면 짐작하기 어렵겠지만, '한 달에 이 정도는 들 테니 열두 달로 계산하면 대충 얼마겠구나.' 하고 가볍게 추측해도 상관없습니다.

다만, 자동차의 구입비와 대출 등은 빼길 바랍니다. 자동차 자체를 소유하기 위해 들어간 비용은 제외하는 것이죠.

이른바 '유지비'라는 비용만 생각해봅시다. 보통 유지비에는 유류비, 주차비, 보험료, 고속도로 통행료, 세금 등이 포함될 것입니다.

자, 여러분의 계산은 얼마가 나왔을까요?

연간 약 200만 엔약 1900만 원.

경제학자 우자와 히로후미宇沢 弘文는 자동차 한 대에 연간 200만 엔 정도 돈이 들어간다고 추산했습니다.

대체 어떻게 그만큼 큰돈이 든다는 말일까요?

우자와가 계산한 금액은 주차비와 유류비 등이 아니라 이 사회 전체가 부담해야 하는 것이라고 합니다.

그 금액의 정체는 자동차의 '사회적 비용'이라는 개념에서 찾을 수 있습니다.

앞선 금액은 우자와 히로후미가 쓰고 1974년 출간한 『자동차의 사회적 비용』*이라는 책에서 제시한 것입니다.

자동차를 소유할 경우 매달 유지비 등을 포함한 사적 비용, 즉 개인적으로 부담하는 비용 외에 매년 수백만 엔이나 부담해야 한다는 말이죠.

1970년대 초, 우자와 히로후미는 당시 일본에서 자동차 한 대의 '사회적 비용'이 약 200만 엔이라고 추산했습니다.

자동차 한 대를 소유하고 사용하기 위해서 우리는 본래 매년 200만 엔을 부담해야 한다.

우자와는 그렇게 주장한 것입니다.

자, 이 책에서는 이타에 대해 생각하고 있었죠. 어째서

———— *임경택 옮김, 사월의책 2016.

우자와가 1970년대에 추산한 자동차의 사회적 비용을
소개하는가 하면, 이 사회적 비용을 계산한 그의 관점이
이타 개념에 (그리고 돌봄 개념에) 무척 중요한 점을
시사해주기 때문입니다. 특히 이후에 이타 개념과 돌봄 개념
각각의 지위를 명확하게 하기 위해 필요합니다.
그렇다면 우자와가 계산한 '사회적 비용'이란 대체
무엇일까요? 그리고 사회적 비용에 담긴 우자와의 관점이란
어떤 것이며, 이타 및 돌봄과는 어떻게 관련이 있을까요?
지금부터 잠시 『자동차의 사회적 비용』을 따라가겠습니다.

잃어버린 것들의 금전적 가치

20세기 일본에서는 자동차가 대량 생산되면서 갖가지
사회적 문제가 발생했습니다. 자동차 사고로 인한 부상자와
사망자의 발생, 소음과 대기오염 같은 공해, 도로 정비에
들어가는 막대한 공적 비용 등이 있었죠. 모두 자동차가
사회에 보급되기 전에는 존재하지 않았던 문제들입니다.
자동차가 보급되면 그런 사회적 손실이 발생하지만, 그
손해비용이나 보상비용 등은 자동차 '구입비'에 당연히
포함되지 않습니다. 그처럼 자동차 구입자, 소유자가

부담하지 않는 손해비용을 '사회적 비용'이라고 합니다. 즉, 자동차 한 대를 소유하기 위해서 구입비와 개인적 유지비(=사적 비용)에 더해 본래 얼마를 더 지불해야 하는지 따져본 것이 사회적 비용입니다. 경제학에서는 그 재화를 취득하기 위해 본래 지불했어야 하는 비용이 '외부화'되었다고 표현하죠. 다시 말해 사회적 비용이란, 시장 메커니즘을 경유하지 않고 재화의 수익자가 아닌 외부에 전가된 비용을 다시 내부화할 경우 수익자가 얼마를 더 지불해야 하는지 계산한 금액인 것입니다.

우자와보다 앞서 자동차의 사회적 비용을 계산한 사례가 더 있었습니다. 당시 일본 정부는 교통 설비의 정비, 사망자 손실액, 경찰 운용비 등을 포함해서 자동차 한 대당 연간 사회적 비용을 7만 엔이라 계산했습니다. 정부의 발표에 자동차 제조사들의 협회인 자동차공업회는 독자적으로 사회적 비용을 계산하여 자동차 한 대당 연간 6622엔이라는 훨씬 적은 금액을 보고했죠. 그 후 민간 연구 조직인 노무라종합연구소는 정부의 계산에 대기오염 등 공해 비용도 더해 연간 사회적 비용을 17만 8960엔으로 계산했습니다.

그에 비해 우자와는 '한 대당 연간 약 200만 엔'이라는, 단위부터 다른 금액을 제시했습니다.

왜 그런 결과가 나왔을까요?

우자와만이 전혀 다른 관점에서 인간이라는 존재를 바라보았기 때문입니다.

우자와보다 앞서 자동차의 사회적 비용을 추산한 세 가지 사례는 잃어버린 것을 '금전적 가치'로 바꾸는 방법을 통해 비용을 계산했습니다. 예를 들어 자동차 보험 업계에서 손해배상액을 산정할 때 쓰는 '호프만Hoffmann 계산법'이 있죠. 그 방식은 누군가가 자동차 사고로 사망했을 때 '만약 그 사람이 살아 있다면 평생 소득이 얼마였을까?'라는 기준에 따라 손실을 계산합니다.

우자와는 그 계산법의 문제점을 다음처럼 지적했습니다.

> 호프만 방식에 따르면, 현재 소득을 올릴 능력이 없고 장래에도 전혀 갖지 못할 것으로 추정되는 사람이 교통사고를 당해 사망하게 되면 그 피해액이 제로로 평가된다는 것이다. (…) 이런 계산법으로 교통사고 피해에 대해 그다지 어렵지 않게 답을 낼 수 있는 것은 인간을 하나의 '생산요소'로 간주하기 때문이다.*

---

* 『자동차의 사회적 비용』 107면

또한 우자와는 다음처럼 적었습니다.

> 인명이나 건강의 손실은 불가역적인 것이어서 한번
> 잃어버린 생명이나 건강은 원래대로 복원할 수 없는
> 것이므로, 호프만 방식이 타당할 수 있는 전제조건은
> 원래부터 충족되어 있지 않다고 볼 수 있는 것이다.[*]

우자와의 지적을 풀어 쓰면 다음과 같습니다.

현재 쓰이는 계산법의 선제는 '어떤 인간의 존재 가치는 그 주체의 생산성, 즉 주체가 만들어내는 금전적 가치에 따라 규정된다'는 것이며, 그 전제는 전혀 인간적인 것이 아니다. 그리고 그 가치관을 일단 따르기 시작하면, '인간 존재는 돈으로 바꿀 수 있으며, 손실 역시 돈으로 보전할 수 있다'는 결론이 내려지고 만다.

우자와는 경제학자로서 그런 가치관에 저항했습니다.

우자와 히로후미의 지적 저항, 지적 반역이 그 책에 담긴 것이죠.

잃어버린 것을 금전적 가치로 바꾸지 않고, 우자와는 도대체 어떻게 자동차의 사회적 비용을 계산했을까요?

———— [*] 같은 책, 113면.

답은 이렇습니다.

애초에 어떤 도시 환경과 도로 구조일 때 사고가 발생하지 않고 인명이 위협받지 않을까. 우자와는 이런 관점에서 계산했습니다. 즉, 시민의 기본적 권리를 침해하지 않도록 도로를 만들려면 비용이 얼마나 필요한가, 하는 관점으로 추산한 것이죠. 그야말로 발상의 근본적 전환이었습니다.

회복할 수 없는 가치

인명과 건강이 훼손되었을 때, 그 손해비용은 얼마일까? 이런 전제를 우자와는 거부합니다. 왜냐하면 인명과 건강은 '회복 불가능한 가치'이기 때문입니다. 우자와는 회복할 수 없는 것을 냉정하게 바라보았습니다. 회복 불가능한 손실을 나중에 회복할 수 있다는 것은 명백한 모순이며, 그 모순을 무시하는 것은 자기기만일 뿐입니다.

그렇다면 우자와는 구체적으로 어떻게 '회복 불가능한 가치(=인명, 건강, 시민의 기본적 인권)가 애초에 훼손되지 않는 도시'를 그렸을까요? 그런 도시란 대체 어떤 곳일까요? 예를 들어 우자와는 자동차의 사회적 비용을 계산할 때 차도를 양쪽으로 4미터씩 넓히고 보도와 차도를 가로수로

분리하는 도로 구조 변경에 투자할 경우 얼마나 비용이
발생하는지 등을 고려했습니다. 자동차 사고를 비롯해
자동차가 원인인 손해가 몹시 발생하기 어려운 도시를
처음부터 만들려면 도시 계획, 도시 개발 수준의 변경이
필요합니다. 우자와는 바로 그런 변경에 들어가는 비용을
산출한 것입니다.

다시 말해 도시 설계의 비용, 도로 정비의 비용 등을
자동차의 비용에 집어넣어서 외부화된 사회적 비용을 다시
내부화한 것입니다. 그리고 그 내부화의 결과가 자동차 한
대당 연간 200만 엔인 것이죠.

우자와의 눈에는 도시의 도로와 자동차가 달리는 광경이
'이상하게' 보였다고 합니다. 마침 일본 경제가 고도성장을
거듭한 10년 동안 해외에 있었던 그는 일본에 귀국하여
도쿄 거리를 걷다가 충격을 받았다고 글에 썼습니다.
보행자가 끊임없이 자동차들에 떠밀리고, 계속해서
자동차를 조심하며 걸어야 하는 것은 이상한 현상이라고요.
앞서 인용한 그의 책에는 "비인간적인 일본의 도로"라는
구절도 있습니다.

우리는 지금의 도시 환경과 도로 구조를 당연한 풍경으로
받아들이고 있습니다. 하지만 우자와의 눈에는 그렇게
보이지 않았죠.

또한 우자와는 사람의 목숨을 돈으로 바꾸는 것도 용납할
수 없었습니다. 그의 윤리관은 기존 시스템에서 상식적으로
통하던 호프만 계산법을 인정할 수 없었죠. 그런 윤리관이
우자와를 자동차 한 대당 연간 200만 엔의 사회적
비용이라는 결과로 이끌었습니다. 그리고 현실의 도쿄와
전혀 다른, 자동차 때문에 생명과 건강과 시민의 기본적
인권이 훼손되지 않는 새로운 도쿄를 상상했습니다.

윤리는 도덕과 충돌한다

자, 『자동차의 사회적 비용』을 소개했는데, 어떠셨는지요.
지금 이 책에서 살펴보려는 것은 이타와 돌봄이었습니다.
우자와의 관점은 '이기주의'와 거리가 멀기는 한데,
그렇다고 해서 '이타적'이라 할 수 있을까요?
1장의 내용을 떠올려보길 바랍니다.
앞서 저는 이타를 "자신에게 소중한 것보다도 타인에게
소중한 것을 우선하는 것"이라고 정의했습니다. 이 정의를
다시금 생각해보면 다음 주장을 끌어낼 수 있습니다.
이타는 본질적으로 '갈등'을 내포하고 있다.
무슨 뜻일까요?

예를 들어보겠습니다. 철학 연구자 나가이 레이_{永井 玲衣}의 책
『물속의 철학자들』*에는 다음과 같은 일화가 등장합니다.
어느 강의에서 있었던 일. 몇 가지 이유 혹은 원인이
있어 '나'는 교과서를 사지 않고 강의에 출석했습니다.
"110페이지를 펼쳐요."라고 교수님이 말했습니다. 교과서가
없는 나는 일단 갖고 있던 전단지 뒷면에 교수님이
말한 페이지를 메모했는데, 갑자기 누군가의 시선이
느껴졌습니다. 옆에 앉은 남성이 걱정스러운 듯이 나를
보고 있었던 것입니다. 그는 안절부절못하는 것 같았습니다.
교과서를 '나'의 오른쪽으로 조금 가까이 옮겼다가 다시
자기 품으로 당겼다가 굳이 덮기도 했죠.

그는 내게 교과서를 보여줘야 할지 말지 갈등하는 것
같았다. 그는 나와 아는 사이가 아니었다. (…)
나는 그의 언동을 피부로 생생하게 느끼면서 '도덕을
뒤흔들어 미안해.'라고 생각했다.
아마 그의 내면에는 곤란한 사람을 **도와줘야 한다는**
도덕이 있을 것이다. 하지만 그와 동시에 수강생으로서
의무를 저버린 사람을, 심지어 노트조차 없고 초면인

──────── * 김영현 옮김, 다다서재 2022.

사람을 **도와줘야 할까** 하는 의문도 있을 것이다.
나는 미안한 마음이 극에 달한 나머지 나도 모르게
책상에 엎드려버렸다. 미안해, 착한 사람! 나는 수업
시간에 자는 학생이니까 말 걸지 않아도 괜찮아!*

이 일화에서는 두 가지가 충돌합니다. 하나는 수강생이
준수해야 하는 의무, 규칙. 강의가 시작되기 전에 교수는
수강생들에게 교과서를 구입해서 준비하기를 공지했을
것입니다. 그리고 다른 수강생들은 공지대로 교과서를
착실히 준비했죠. 수업에 교과서를 지참해야 한다는 규칙.
그 규칙과 충돌한 것은 눈앞에 있는 곤란한 사람을 도와야
한다는 충동 혹은 절박감입니다. 당연히 '교과서를 가져오는
게 규칙이야. 빈손으로 온 사람이 나쁜 거지.'라고 내버릴
수도 있겠죠. 아니면 못 본 척할 수도 있고요. 하지만 '나'의
옆에 어쩌다 앉은 그는 그러지 못했습니다. 그는 도덕이
뒤흔들린, 착한 사람이었던 것이죠.
이 사례에 이타가 있다고 하려면, 옆자리의 남성에 대해
'자신의 소중한 것보다도 교과서를 보여주는 것을 우선하려
했다'고 말해야 합니다. 그에게 소중한 것은 무엇이었느냐

———— *『물속의 철학자들』 149~150면, 강조는 인용자가 했다.

하면, 바로 규칙이죠. 규칙은 그 남성뿐 아니라 모든 호모 사피엔스에게 소중합니다. 규칙에서 일탈하는 것은 사회적 동물인 우리에게 생사가 걸린 문제입니다. 어째서 생사까지 걸려 있느냐고요? 규칙 위반으로 집단과 공동체에서 배제될 수도 있기 때문입니다. 호모 사피엔스는 집단에서 멀어지면 살아갈 수 없는 동물이기에 규칙 위반은 적응도 하락으로 이어질 수도 있는 것입니다. 즉, '그래야 한다.'라는 공동체의 규칙은 모든 사람에게 소중하다고 할 수 있습니다.

앞선 인용문에서 나가이는 '도덕 대 의무'라는 개념으로 구별했는데, 이 책에서는 '윤리 대 도덕'이라고 구별해서 살펴보겠습니다.

철학자 이케다 아키코池田 晶子는 도덕과 윤리를 다음처럼 구별했습니다.

> 도덕과 윤리의 차이란 단순 명쾌하게 말해 강제와 자유의 차이다. '하면 안 되니까 안 하는 것'은 도덕이며, '하기 싫으니까 안 하는 것'은 윤리다. '벌을 받으니까 안 하는 것'은 도덕이며, '싫어서 안 하는 것'은 윤리다.*

———— * 池田 晶子,『言葉を生きる』ちくまQブックス 2022, p.22.

교과서는 각자 스스로 준비해야 한다는 것은
도덕(=공동체의 규범)이고, 그럼에도 불구하고 전혀 모르는
타인에게 교과서를 보여주려 하는, 다시 말해 강의의
규칙을 뜻하지 않게 깨버리는(깨버릴 듯이 되는) 것이
윤리(=오늘·이곳·나의 규범)입니다. 어째서 그는 당당하게
교과서를 보여주려고 하지 않았을까요? 왜 도덕심이
있을까요? 공공연하게 보여주었다가 '교과서는 옆 사람한테
보여달라고 하면 된다'는 것이 널리 퍼지면, 스스로
교과서를 구입하거나 준비하지 않는 무임승차자가 늘어날
수 있기 때문일 것입니다. 즉, '성실하게 수강한다.'라는
규범이 지켜지지 않을 가능성이 있기 때문이죠.
윤리는 도덕과 충돌합니다. 그리고 윤리는 때로 반도덕적이
될 가능성을 품고 있습니다. 이케다의 글을 인용하면 윤리는
"벌을 받으니까 안 하는 것"을 뛰어넘을 수 있죠.
이처럼 어떤 일을 이타라고 부르기 위해서는 그것에 모순,
충돌, 망설임, 즉 갈등이 있어야 합니다.
이타, 그러니까 "자신에게 소중한 것보다도 타인에게
소중한 것을 우선하는 것"은 때로 반도덕적이 될 가능성이
있습니다.

그렇다면 앞서 다룬 사례처럼 확실한 갈등이 없는 경우는
이타에 해당되지 않을까요?

저는 그처럼 '갈등 없는 도움, 뒷받침'에는 다른 이름을
붙이고 싶습니다.

분명한 갈등이 있지 않고, 똑바로 상대방을 향하는 선한
행위.

저는 그것을 '돌봄'이라 불러야 하지 않을까 생각합니다.

이 책에서는 '돌봄'을 다음처럼 정의합니다.

> 돌봄이란 타인이 소중히 아끼는 것을 함께 소중히 하는
> 행위 전체를 가리킨다.

다시 말해 돌봄 개념은 '타인의 삶을 지원하는 것'이며, 돌봄
개념에 '자신이 따르는 규범과의 충돌'이라는 조건, 다시
말해 "자신에게 소중한 것보다도 타인에게 소중한 것을
우선하는 것"이 더해질 때, 돌봄은 이타로 변합니다.

즉, 이 책의 정의에서 이타는 돌봄의 부분집합입니다.

다르게 표현하면 돌봄은 이타의 필요조건(이타는 돌봄의
충분조건)이죠.

그렇다면, 사람은 어째서 때때로 돌봄을 주저할까요?
돌봄을 '시스템'이 금지하기 때문입니다. 앞서 교과서를
보여주려 한 수강생의 사례에는 대학의 교무 시스템,
강사-수강생이라는 시스템이 있습니다. 이른바 조직에
존재하는 '내규'죠. 조식의 구성원일 것, 어떤 공동체 내부의
인간일 것, 이런 내규가 돌봄을 주저하게 하고 갈등을
일으킵니다.

'시스템'은 개별적인 일들을 고려하지 않습니다.
개별적인 일들을 배려하는 시스템은 존재하지 않습니다.
'개별적인 일들을 배려하는 시스템'이라는 말 자체가 명백한
형용 모순입니다. 시스템에 순종하는 사람은 생각을 할
필요가 없습니다. 전부 시스템이 결정해주니까요. 그런
사람을 위해 "규칙이니까요."라는 상투적이지만 반박하기
어려운 대사도 준비되어 있죠. 물론 시스템은 공평성과
공공성 같은 가치에 기초해서 설계되긴 합니다. 아니면
사람에 따라 달라지는 인치人治가 아니라 법치法治를 통해
무질서를 막는다는 의미도 있겠죠.

그렇지만 시스템이 돌보지 못하는 사람, 혹은 시스템에서
'낙오된 사람'과 마주칠 때, 우리의 이타는 촉진됩니다.
그리고 이타는 그 정의상 우리를 시스템·내규·규범에서
자유롭게 합니다.

돌봄과 이타를 개념으로서 나누자고 제안하는 이유는
이타에 그처럼 '자유'를 일으키는 힘이 있기 때문입니다.

관점에 따라 달라지는 이타와 돌봄

그렇다면 우자와 히로후미의 생각은 이타일까요, 아니면
돌봄일까요?
저는 우자와 히로후미의 시신에서 이타가 아니라 **돌봄**을
느낍니다.
그의 사색에 주저함도 있었을지 모르지만, 그 이상으로 저는
'사명감'을 느끼기 때문입니다.
관점을 구별 지어보면 논점이 더욱 확실해질지도
모르겠습니다. 우자와 자신의 시선과 입장, 그리고
그의 계산 방법과 관점을 접한 우리의 입장을 구별하는
것이죠. 우자와 자신에게는 학자로서 사명을 다하겠다는,
뒤틀림이나 갈등이라고는 없는 '돌봄'이었을지도 모릅니다.
하지만 그런 모습이 우리에게는 '이타'로 보입니다.
왜냐하면 호프만 계산법이라는 '시스템' 혹은 '상식'에
얽매여 있던 우리를 우자와가 인지적으로 자유롭게
해주었으니까요.

우자와는 여기에 다른 틀, 다른 방법이 있었다고
가르쳐주었습니다. 말 그대로 우자와의 책 덕분에, 그의
관점 덕분에, 우리는 시스템·내규·규범에서 조금이나마
자유로워질 용기를 얻었죠. 그 때문에 우자와 자신에게는
시민의 소중한 것을 자신도 함께 소중히 아낀 돌봄이었던
일이 그걸 받은 우리에게는 이타로 보이는 것입니다.
그처럼 이타에는 우리를 속박하는 믿음이나 선입견에서
벗어나는 구석이 있습니다. 이타에는 그런 '자기 변화'의
계기가 내재해 있는 것이죠.
타인이 소중히 아끼는 것을 함께 소중히 하는 행위이기도
한 『자동차의 사회적 비용』. 20세기를 대표하는 지식인이
우리 문명을 위해 한 돌봄.
저는 우자와의 말과 이론에서 돌봄을 느낍니다.

자, 또 다른 돌봄의 장면을 소개합니다.
임상심리학의 대가이자 카를 융 연구 일인자인 가와이
하야오河合 隼雄의 일화입니다. 수많은 상담을 경험한 그는 한
여성 내담자에게서 어떤 말을 들었습니다.
그 내담자는 중증의 이인증離人症* 당사자였는데, 그 탓에

---

* 자아에 대한 인식을 잃어버리거나 자기 외부에 대해 실감을 느끼지 못
하는 상태. 조현병 초기 또는 극도로 피로한 상태일 때 나타난다.

일상에서 여러 문제를 겪었습니다. 가와이 하야오는 그
내담자와 마지막 상담에서 다음과 같은 대화를 나눴습니다.

"가장 처음 선생님과 만났을 때, 이 선생님 덕분에 나는
나을 거라고 생각했어요."
"왜요?"
"지금까지 만난 선생님들과 전혀 달랐거든요."
"어떻게 달랐어요?"
"내가 방에 들어왔을 때, 선생님은 내 얼굴에도
옷차림에도 전혀 관심이 없었어요."
(…)
"아, 그랬나요?"
"그것만이 아니에요. 선생님은 내 이야기의 내용에 전혀
주의를 기울이지 않았어요, 하하하."
"저는 그때 뭘 했나요?"
"무엇을 하셨다고 답하기는 무척 어렵지만, 굳이 말하면,
만약 인간에게 '영혼'이라는 게 있다면, 그것만 보고
계셨어요…."*

───────── *河合 隼雄·茂木 健一郎, 『こころと脳の対話』新潮文庫 2011, p.161-162.

저는 이 대화에 돌봄의 본질이 있다고 확신합니다.

갑자기 '영혼'이라는 표현이 등장했죠.

만약 인간에게 '영혼'이라는 게 있다면, 그것만 보고 계셨어요.

앞서 돌봄이란 타인이 소중히 아끼는 것을 함께 소중히 하는 것이라고 했습니다. 하지만 그러기 위해서는 타인이 소중히 아끼는 것을 똑바로 응시해야 합니다. 그리고 타인이 소중히 아끼는 것은 종종 눈에 보이지 않습니다.

눈에 보이지 않는 것을 보려고 하지 않으면 돌봄은, 나아가 이타는 성립하지 않습니다. 이타와 돌봄은 그 타인의 소중한 것도 상처도 전부 내포한 '영혼'을 바라보는 것입니다.

도덕은 지도, 윤리는 걸으려 하는 의지

자, 다시 한 번 이타에 대해 생각해보겠습니다. 그러는 것은 곧, 도덕과 윤리를 다시 생각해보는 것이기도 합니다. 철학자 후루타 데쓰야古田 徹也도 도덕과 윤리를 나누자고 제안했습니다.

예를 들어 뇌사자 장기 기증 문제와 존엄사, 안락사 문제, 유전자 조작을 둘러싼 문제 등을 포함한 '생명

윤리'의 문제, 그리고 정보 기술, 원자력 발전 등과 관련한
'과학기술 윤리'의 문제를 사람들은 '윤리적인 문제'라고
하지, '도덕적인 문제'라고는 거의 말하지 않는다. 이런
사실에서 엿보이는 것은 바로 **현재진행형의 난문**—모두가
동의하는 **정답**은 없지만, 우리 삶에 중요하며 계속
생각해야만 하는 문제—을 우리가 '윤리'라는 개념 안에
둔다는 것이다. 그에 비해 '도덕'이라는 개념에는 공동체
내부에서 비교적 오랜 시간에 걸쳐 **정착해온 습관과**
비슷한 뉘앙스가 있는 것 같다.[*]

다시 말해 지금까지 이어진 시스템·내규·규범으로 '굳게
다져진' 것을 '도덕'이라 부르고, 전례가 통하지 않는, 이른바
'혁신적인cutting edge' 판단을 '윤리'라고 하는 것입니다.
비유하면 도덕은 '지도에 나오는 거리'입니다. 우리보다
앞서 사람들이 지나다니고 오랫동안 걸으면서 다져진
길이 사방으로 뻗은 거리가 도덕입니다. 그에 비해 친숙한
거리에서 벗어나 누구도 다닌 적 없는 미지의 대지를 걷는
것, 걸으려 하는 의지는 윤리입니다.
당연히 불안을 완전히 떨칠 수는 없고, 발이 늪에 빠지기도,

———— [*] 古田 徹也, 『それは私がしたことなのか』新曜社 2013, p.224, 강조는
인용자가 했다.

때로는 넘어질 뻔도 하죠. 하지만 자유라는 가능성의 대지에
다다르기 위해서는 그런 역경이 반드시 필요합니다.

익숙하고 친숙해서 사랑스럽기까지 한 '거리'로부터 '미지의
대지'에 이르는 것.

우리는 예기치 않게 타인과 우연히 만남으로써 미지의
대지로 흘러 들어갑니다.

그런 것을 모티프 삼은 문학 작품이 엔도 슈사쿠遠藤 周作*의
『침묵』입니다.

『침묵』은 이타를 고찰하는 데 매우 중요한 이야기입니다.
그 작품은 시스템·내규·규범의 '붕괴'를 그렸다고 할
수 있습니다. 지금까지의 규칙으로는 대처할 수 없는
상황들이 등장하기 때문이죠. 오랫동안 따라온 규범을
그대로 적용하면 눈앞에 있는 타인을 구할 수 없거나 상처
입혀버리는 상황. 그런 상황에서 이뤄지는 행위와 판단은
윤리이며 이타이기에, 이 책에서 참고하려 합니다.

지금부터 엔도 슈사쿠의 『침묵』 속 장면을 소개하고
분석함으로써 이타가 시스템·내규·규범의 붕괴(패배)로서
나타난다는 점을 방증하겠습니다.

---

* 일본의 소설가. 일본 현대 문학에 막대한 영향을 끼치며 노벨 문학상
후보에도 올랐다. 기독교를 주제로 한 여러 작품을 집필했다.

『침묵』으로 보는 이타 이야기

『침묵』은 포르투갈에서 일본으로 건너온 선교사 세바스티안 로드리고가 극심한 박해 탓에 불우한 처지와 고통에 허덕이는 일본의 가톨릭교도들을 목격하고, 그 자신도 그런 상황에 휘말리는 과정을 그린 소설입니다. 소설에는 다음과 같은 장면이 등장합니다.

이리저리 도망치던 주인공 로드리고는 결국 관청에 붙잡히고 맙니다. 그와 마찬가지로 붙잡혀 있는 일본인 남녀 네다섯 명도 세례를 받은 사람들이었죠. 그런데 붙잡혀서 양손이 묶인 그들의 상태가 좀 이상했습니다. 겁먹은 기색이 전혀 보이지 않았던 것입니다. 이제 취조를 당하고, 후미에踏絵*를 밟을지, 즉 배교할지 시험당하고, 밟기를 거부하면 고문을 당할 터였는데 말이지요.

붙잡혀 있는 일본인 중 한 사람, 가난한 농민 여성 (모니카라는 세례명을 받은 사람)에게 로드리고는 "모두 아무렇지도 않은 겁니까?" "머지않아 우리도 죽을지 모르는데요."라고 물었습니다. 모니카는 다음처럼 답했죠.

———— * 에도 막부가 가톨릭교도를 색출하기 위해 사용한 목제 혹은 금속제 판으로 예수 그리스도나 성모 마리아가 새겨져 있었다. 막부의 관리는 가톨릭교도로 의심되는 사람들에게 후미에를 밟으라고 지시했고, 조금이라도 주저하면 가톨릭교도로 간주하여 즉시 체포했다.

"모르겠어요. 천국에 가면 정말 영접과 안락이 있다고
이시다 님은 언제나 말씀하셨어요. 거기에는 심한 연공
징수도 없다고요. 게다가 굶주림도 병에 걸릴 염려도
고통도 없다고……. 저희는 이미 일할 만큼 일해왔어요."
여인은 한숨을 쉬었다.

"정말 이 세상은 고통과 질병뿐이에요. 천국에는 그런
것은 없다지요, 신부님?"

천국이란 그대가 생각하고 있는 그런 형태로 존재하는
것이 아니라고 말하려다가 신부는 입을 다물었다. 이
농민은 교리를 배우면서 마치 어린아이처럼, 천국이란
심한 세금도 고역도 없는 별세계로만 꿈꾸고 있었던 것
같다. 그 꿈을 잔혹하게 무너뜨릴 권리는 그 누구에게도
없었다.

"그래요, 거기에서 우리는 아무것도 빼앗기지 않을 테죠."
그는 눈을 깜박이면서 마음속으로 중얼거렸다.*

로드리고는 신부로서 가톨릭교의 올바른 가르침, 정통적인
교의를 이야기했어야 할 것입니다. 그것이 로드리고의
도덕이었죠. 하지만 로드리고는 그러지 못했습니다.

———— * 엔도 슈사쿠 지음, 공문혜 옮김, 『침묵』 홍성사 2003, 129~130면.

입을 다물고 말았던 것입니다.

그렇다고 해서 로드리고는 모니카에게 실제로 소리 내어 "그렇지."라고 말할 수도 없었습니다. 앞선 인용문은 신부로서 따라야 하는 시스템·내규·규범이 멈춰버린 장면, 신부로서 지켜야 하는 도덕이 붕괴한(패배한) 장면입니다. 이처럼 『침묵』에서는 로드리고의 망설임, 뒷걸음질, 그리고 고난에 빠진 백성을 구해주지 않고 침묵만 하는 신에 대한 의심이 그려집니다.

즉, 일본에 건너온 로드리고는 그때껏 교의를 충실히 따르는 신자였던 자신으로서 있을 수 없게 된 것입니다.

다르게 표현하면 로드리고는 가톨릭교라는 굳게 다져진 도덕(=익숙하고 친숙한 거리) 속에 안주할 수 없는, 사소한 행위에도 일일이 결단과 선택이 필요한 상황에 빠져들었다고 할 수 있죠.

그리고 로드리고는 체포된 가톨릭교도를 구하기 위해서 최종적으로 후미에를 밟고, 배교하게 됩니다.

로드리고는 신부인 자신이 배교하지 않으면 붙잡혀온 가톨릭교도들이 계속 고문당하리라는 사실을 알았기 때문에 후미에를 밟았습니다.

『침묵』의 막바지에 다음과 같은 장면이 나옵니다.

붙잡혀서 감옥에 갇혀 있던 로드리고는 개들이 싸우는

듯한 낮은 소리를 듣습니다. 이내 그 소리가 누군가의
'코골이'라는 걸 알았죠. 술을 마신 간수가 곯아떨어진 것
같았습니다. 로드리고는 일본에 도착해서 숨어 지내다
눈앞에서 모키치와 이치조라는 두 가톨릭교도가 바닷속
말뚝에 묶인 채 고문을 받으며 천천히 목숨을 잃는 모습도
목격한 바 있습니다.

그 바다의 파도는, 모키치와 이치조의 시체를 그저
아무렇지도 않은 듯이 씻어내리고, 삼켜버리고, 그들이
죽은 뒤에도 여전히 같은 표정으로 그곳에 펼쳐져
있습니다. 그리고 하나님은 그 바다와 똑같이 침묵을
지키고 계십니다.
그러나 저는 그런 일은 있을 수 없다고 고개를
저었습니다. 만약 하나님이 계시지 않는다면 인간은 이
바다의 단조로움이나 그 무서운 무감동을 도저히 참을 수
없을 것입니다.
'그러나 만일… 물론 만일의 이야기지만….'
그때 가슴 한구석 깊은 데서 다른 소리가 속삭였습니다.
'만일 하나님이 안 계시다면….'
이것은 무서운 상상이었습니다. 하나님이 안 계시다면
얼마나 우스꽝스러운 일인가. 만약 그렇다면 나무기둥에

묶여 파도에 씻긴 모키치나 이치조의 인생은 얼마나
익살스러운 연극인가. 많은 바다를 건너 2년의 세월을
보내며 이 나라에 다다른 선교사들은 또 얼마나 우스운
환영을 계속 뒤쫓은 것인가. 그리고 지금, 사람의
그림자조차 없는 산속을 방황하고 있는 나 자신은 얼마나
우스운 행동을 하고 있는 것인가.*

로드리고는 '어째서 신은 이 같은 상황을 보고 계시면서도
계속 침묵하시는가?'라는 직시하기 어려운 문세를 수없이
떠올렸습니다. 자신이 언제나 소중히 여긴 것, 진심으로
소중히 여긴 것(=신앙)이 허물어지려 했던 것입니다.
그처럼 신에 대한 의문과 직면할 수밖에 없는 일들을 거친
끝에, 현재 감옥에 갇힌 상황입니다. 그리고 자신의 처지가
이른바 최고조에 다다른 그 장면에서 누군가의 코골이가
들렸죠. 그 소리가 자신의 인생을 놀리는 것 같아서 그는
분노합니다. 그리고 다음과 같은 말을 듣습니다.
"저건 코골이가 아냐. 거꾸로 매달린 신도들의 신음 소리다."
로드리고가 코골이인 줄 알았던 소리는 구멍 안에 거꾸로
매달린 채 죽이지도 살려주지도 않는 고문을 받는

———— * 같은 책, 106~107면.

가톨릭교도들의 소리였던 것입니다. 로드리고를 직접
고문하지 않고 그가 구제해야 하는 가난한 농민 신도들을
모질게 고문함으로써 로드리고가 신을 의심하고 결국
배교하게 만들려 한 것입니다.

마침내 로드리고는 결정적인 행위를 합니다.

> 신부는 발을 들었다. 발이 저린 듯한 무거운 통증을
> 느꼈다. 그것은 단순히 형식만은 아니었다. 지금까지
> **자신의 전 생애를 통해 가장 아름답다고 생각해온 것, 가장**
> **맑고 깨끗하다고 믿었던 것, 인간의 이상과 꿈이 담긴 것을**
> **밟는 것이었다.** 이 발의 아픔, 그때, 밟아도 좋다고, 동판에
> 새겨진 그분은 신부에게 말했다.
>
> 밟아도 좋다. 네 발의 아픔을 내가 제일 잘 알고 있다.
> 밟아도 좋다. 나는 너희에게 밟히기 위해 이 세상에
> 태어났고, 너희의 아픔을 나누기 위해 십자가를 짊어진
> 것이다.
>
> 이렇게 해서 신부가 성화에 발을 올려놓았을 때 아침이
> 왔다. 멀리서 닭이 울었다.*

---

* 같은 책, 267면, 강조는 인용자가 했다

로드리고가 후미에를 밟은 것은 그저 누군가를 위해 도덕을
버리는 것만을 의미하지는 않습니다.
그는 도덕에서 윤리로 도약한 것입니다.
『침묵』은 다음과 같은 글로 끝맺습니다.

> 성직자들은 이 모독의 행위를 격렬하게 질책할 테지만,
> 나는 그들을 배반했을지 모르나 결코 그분을 배반하지는
> 않았다. 지금까지와는 아주 다른 형태로 그분을 사랑하고
> 있다. 내가 그 사랑을 알기 위해서 오늘까시의 모든
> 시련이 필요했던 것이다. 나는 이 나라에서 아직도
> 최후의 가톨릭 신부이다. 그리고 그분은 결코 침묵하고
> 있었던 게 아니다. 비록 그분이 침묵하고 있었다
> 하더라도 나의 오늘까지의 인생은 그분과 함께 있었다.[*]

성직자란 교의를 따르고 가르침을 실천하는 사람들, 즉
경직된 시스템·내규·규범(=도덕) 세계의 주민들입니다.
로드리고는 그 세계를 뛰어넘고 말았죠. 성직자들이 보기에
그는 엇나갔고 비난해야 마땅한 대상일 것입니다.
로드리고는 더 이상 그런 도덕 속에서 살아가지 않습니다.

———— [*] 같은 책, 294~295면.

마지막 로드리고의 말에 있는 것은 '성직자와 신'이라는
기호적 관계가 아니라 '나와 당신'이라는 고유한 이름을 지닌
존재들의 우연성과 일회성 있는 관계라고 할 수 있습니다.
이것을 '윤리'의 풍경이라 할 수는 없을까요?
미학자 이토 아사伊藤 亜紗는 "이타란 '듣기'를 통해 상대방의
숨은 가능성을 이끌어내는 것이며, 그와 동시에 자신이
변하는 것이다."*라고 했는데,『침묵』에서 로드리고 신부는
그야말로 신의 침묵을 들은 것입니다.

> "밟아도 좋다. 네 발은 지금 아플 것이다. 오늘까지 내
> 얼굴을 밟았던 인간들과 똑같이 아플 것이다. 하지만 그
> 발의 아픔만으로 이제는 충분하다. 나는 너희의 아픔과
> 고통을 함께 나누겠다. 그것 때문에 내가 존재하니까."
> "주여, 당신이 언제나 침묵하고 계시는 것을 원망하고
> 있었습니다."
> "나는 침묵하고 있었던 게 아니다. 함께 고통을 나누고
> 있었을 뿐."**

———— * 伊藤 亜紗·中島 岳志·若松 英輔·國分 功一郎·磯崎 憲一郎,『「利他」と
は何か』集英社新書 2021, p.61.
** 『침묵』 293~294면.

타인의 소중한 것을 함께 소중히 아끼는 것.

돌봄은 그런 행위라고 했습니다.

그리고 로드리고처럼 타인을 돌보려 하는 와중에 지금까지 지켜온 규범과의 어긋남, 모순, 갈등을 겪고 그로 인해 자기 자신이 변화하고 마는 자기 변화가 일어납니다.

이타란 그런 일입니다.

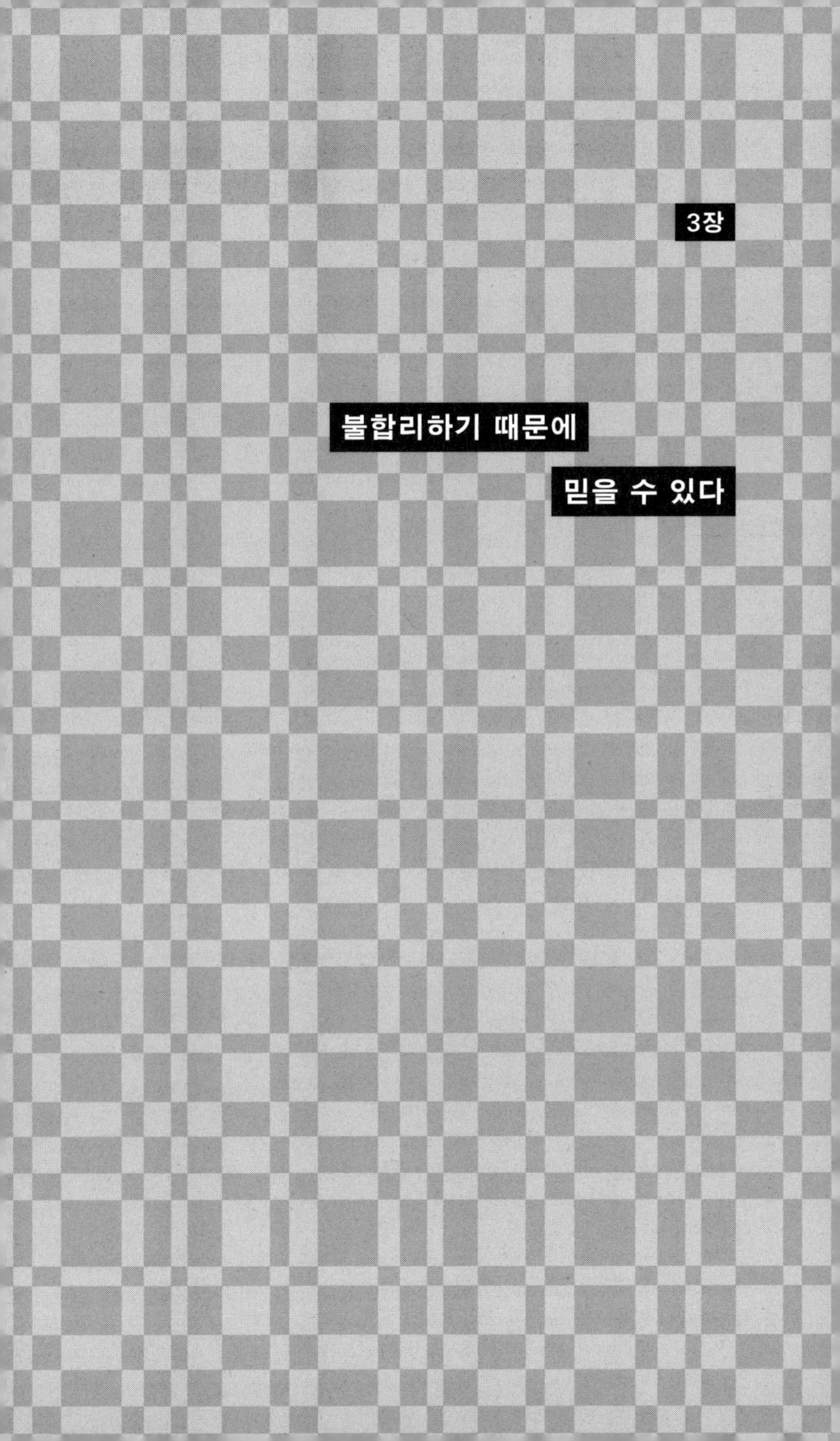

불합리하기 때문에

믿을 수 있다

돌봄에 위선은 존재하지 않는다.

이렇게 말하면 놀랄지도 모르겠습니다. 자원봉사 같은
자신에게 이익이 없는 이타적 행위의 동기가 실은 타인의
칭찬을 받고 싶다든지 감사 인사를 들으면 기분이
좋다든지 하는 마음일 때, 사람들은 "그건 위선적이야."라고
비난하니까요.

어째서 위선이라 불릴까요?

그 행동의 출발점에 '나'가 있기 때문입니다.

위선이란 '내가 소중히 아끼는 것을 위해 타인의 소중한
것을 이용하는 행위'입니다. 그리고 나를 위한 일임에도
'너를 위해'라는 포장지로 감싸서(=위조해서) 건네는

것이죠. 그러니 중요한 것은 순서입니다.

앞선 2장에서 돌봄은 '타인이 소중히 아끼는 것을 함께 소중히 하는 행위 전체'라고 정의했습니다. 돌봄은 나로부터 시작되지 않습니다. 돌봄은 그것을 필요로 하는 타인과 만날 때 일어나는 현상입니다. 그러니 앞선 돌봄 개념에 다음과 같은 조건을 덧붙이겠습니다.

돌봄이란 '타인에게 이끌려서' 그 타인이 소중히 아끼는 것을 함께 소중히 하는 행위 전체다.

위선에는 놀봄의 조건 중 '타인에게 이끌려서'가 없습니다. 왜냐하면 위선은 '나의 이익, 쾌락' 또는 주위의 평가, 체면으로부터 시작되기 때문입니다. 그와 반대로 돌봄은 나로부터 시작되지 않고, 상대로부터 시작된다고 할 수 있습니다. 1장에서 알랭이 내린 애타(=이타)주의의 정의를 살펴봤죠. 그 정의는 "타인들이 표명하는, 혹은 타인들이 표명하리라 예상되는 감탄과 비난에 강한 영향을 받는다."라는 구절로 마무리되었습니다.

나로부터 시작되지 않고 타인에게 이끌린다는 말은 '타인에게 강한 영향을 받는다'는 뜻이기도 합니다. 즉, 고집하지 않는다는, 혹은 고집할 수 없다는 것이 돌봄의 조건입니다.

위선은 자기 자신의 계획을 고집하고, 상대방에게

집착합니다. 달성하고 싶은 자신의 계획이 존재하기 때문입니다. 그럴 때 타인의 수난은 자신의 계획을 달성하기 위한 수단이 됩니다.

누군가를 수난에서 구해줄 수 있는 나. 그런 자기효능감을 느끼기 위한 도구로 사용되는 타인.

그렇지만 자기효능감이란 어디까지나 '결과'입니다. 나는 틀림없이 유용한 존재다, 하는 느낌을 획득하기 위한 모든 행위는 바람직한 돌봄이 아닐 것입니다.

육아를 떠올려보면 이해할 수 있을 것입니다. 아이를 위해서야. 아이의 미래를 위해서야. 말은 그렇게 하지만(혹은 의식적으로 진심으로 그렇게 믿으면서), 실은 자신의 불안을 해소하기 위한 '수단'으로 돌봄을 이용해 아이를 통제하려 할 수도 있습니다. 진정한 의미로 아이를 돌보려 한다면, 우선 자신과 타인인 아이를 분리해서 서로 다른 인격체라는 사실을 인정해야 합니다.

더 나아가 육아와 사랑을 비교해보는 것도 좋겠습니다.

우리는 사랑을 할 때 자기 자신을 고집할 수 없습니다.

사랑은 나 자신의 경계선을 위협합니다.

우리는 자신과 '같은 존재'를 사랑할 수는 없습니다. 그런 것은 사랑이 아니라 자기애입니다.

사랑이란 만나기 전과 후에 나를 다른 존재로 만드는 모든 계기를 가리킵니다. 사랑은 자기 변화를 촉진합니다.

그렇기 때문에 우리는 직접 만난 적 없는 사람이나 물건도 사랑할 수 있습니다. 예를 들어서 학자라는 사람은 지知를 사랑하는 존재라고 할 수 있죠. 연구 대상이 반드시 만난 적 있는 인물이라는 법은 없습니다. 문학 연구자라면 사랑하는 대상은 사람이 아니라 작품군이며, 문화인류학자라면 사랑의 대상은 어떤 지역 고유의 문화와 부족 사람들일 것입니다.

플라톤 연구자는 플라톤을 사랑하고 있다고 할 수 있습니다. 천문학자는 밤하늘에 그려진 신성한 메시지(=천문)를 읽으려 하는 존재죠. 플라톤은 무엇을 생각하고, 무엇을 이야기하려 했을까? 이 우주에는 어떤 합리성이 숨어 있을까? '지금, 여기, 나'에 집착한 채로는 결코 그런 의문의 답에 다가갈 수도 이해할 수도 없습니다. 지금 내가 지닌 인지적 틀, 상식, 암묵적 전제를 놓아버리고 '나 자신이 변화해야만 닿을 수 있는 것이 여기 있다.'라는 마음을 사랑이라고 부르면 안 될 이유가 있을까요.

돌봄은 사랑과 비슷합니다.

그리고 진정한 사랑에 위선은 없습니다.

그 때문에 타인에게 이끌려 이뤄지는 돌봄에 위선은 존재하지 않습니다.

자, 지금 돌봄 개념에 ‘타인에게 이끌려서’라는 조건을
덧붙였습니다. 2장에서는 돌봄이 이타의 필요조건이라고
했죠. 다시 말해 이타가 있는 곳에는 돌봄도 있다는
말입니다. 그러니 돌봄의 정의를 다시 쓰면, 이타의 정의도
갱신될 것입니다.

다시금 1장에서 제안한 이타의 정의를 살펴보겠습니다.

이타란 자신에게 소중한 것보다도 타인이 소중히 아끼는
것을 우선하는 행위다.

어째서 자신에게 소중한 것보다도 우선할까요?

타인에게 이끌렸기 때문입니다.

그럴 때 우리의 내면에는 무엇이 생겨날까요?

바로 망설임, 갈등입니다. 이타의 구조는 그런 갈등으로부터
자기 변화에 다다르는 것이었죠.

2장에서 소개한 『침묵』이 그런 구조를 보여주었습니다.

그리고 그 작품에는 어느 중요한 현상이 포함되어 있습니다.

바로 ‘그럼에도 불구하고’라는 어긋남입니다.

어떤 행위가 정말로 이타라면, ‘그럼에도 불구하고’라는
역설이 반드시 함께 있어야 합니다.

그리고 이타의 수취인이 그 어긋남, 모순을 파악했을 때,

신뢰가 발생합니다.

우리는 이타 덕분에 그 사람을 신뢰할 수 있습니다. 이타가 신뢰를 만들어내는 것이죠.

무슨 뜻인지 좀더 자세히 살펴볼까요.

우선 일반적인 '신뢰' 개념과 그와 관련한 '사회적 불확실성'의 정의를 살펴보겠습니다.

심리학에서는 신뢰를 "상대방이 나를 속이지 않을지, 아니면 상대방에게 의지했다가 이용당해서 곤욕스러워지시 않을지 등 상대방이 자기 이익을 위해 착취적 행동을 할 의도를 지니고 있는지에 대한 신념 내지 기대"라고 잠정적으로 정의합니다.

또한 상대방의 행동에 따라 내 '일신'이 위험에 노출되는 상태를 "사회적 불확실성이 존재하는 상태"라고 정의하고, 그 상대방을 신뢰하는 것은 "커다란 사회적 불확실성이 존재하는 상황, 즉 상대방의 행동 여하에 따라 자신이 곤란해질 수 있는 상황에서 상대방이 내게 나쁜 짓을 하지 않으리라 기대하는 것"이라고 합니다.*

───── *山岸 俊男, 『安心社会から信頼社会へ』中公新書 1999, p.16-18.

신뢰란 사회적 불확실성이 존재함에도 불구하고,
상대방의 (나에 대한 감정도 포함하는) 인간성을
고려하여 그가 내게 나쁜 행동을 하지는 않으리라고
생각하는 것입니다.*

즉, 신뢰의 바탕에는 불합리성이 있다는 말입니다.
그에 비해 합리적으로 생각해서 나에게 위협을 가하지
않을 것이라는 믿음, 혹은 애초에 내게 위협을 가할 수
없으리라는 믿음은 '안심'이라고 하죠.
예를 들어 법에 근거한 구속이나 경찰 조직을 활용하면
안심을 만들 수 있습니다. 하지만 그런 체제로부터
'신뢰'가 만들어지지는 않습니다. 신뢰는 불확실성에서
생겨나니까요.
친구 관계를 생각해볼까요. 친구라는 인간관계의 바탕에는
뒤에서 나를 욕하고 배신할 가능성이 있음에도 불구하고
그런 짓을 하지 않을 것이라는 근거 없는 믿음이 있습니다.
달리 말하면, 나를 상처 입힐 가능성이 있음에도 불구하고
하지 않는 사람만이 소중한 친구가 될 수 있는 것이죠.
그에 비해 내 약점과 비밀이 알려졌으니 나도 상대방의

———— * 같은 책, p.22.

약점을 잡아야겠다고 생각하는 관계에는 긴장감이 넘칠 수밖에 없습니다. 마치 상호 확증 파괴로 간신히 균형을 유지하던 냉전 시대의 미국과 소련 같은 관계죠. 나도 상대방의 약점을 잡고 있으니 '안심'할 수 있다는 것입니다. 상대방이 합리적으로 사고하여 이득과 손해를 정확히 냉정하게 계산할 수 있다는 까다로운 조건이 붙기는 하지만, 그처럼 무언가에 근거한 상호 보증을 심리학에서는 '신뢰'에 대비해 '안심'이라고 정의합니다. 신뢰와 안심의 특징을 간단히 설명하면, 합리적인 근거가 부족함에도 불구하고 상대방을 믿는 것이 '신뢰'이며, 명확한 근거가 있을 때 상대방을 믿는 것은 '안심'입니다.

증거는 없지만 당신을 믿어

그렇다면 신뢰의 상대개념인 '안심'에는 대체 어떤 문제점이 있을까요?

바로 상대방이 '증거를 제출하길' 요구한다는 점입니다.

앞서 말했듯 신뢰는 증거가 없어도 상대방을 믿거나 믿을 수 있는 것입니다. 객관적 근거가 없고 사실관계를 확인하지 않아도, 나는 당신의 말을 믿어. 이것이 신뢰의 형식입니다.

"네가 그렇게 말한다면, 나는 무조건 믿겠어." 이런 대사가 영화든 드라마든 애니메이션이든 생사가 걸린 극한 상황에서 신뢰하는 동료에게 건네는 말로 흔히 쓰이듯이 말이죠.

또한 그것은 사랑을 이야기하는 말이기도 합니다.

사랑을 전할 때, 우리는 합리적으로 그 이유와 근거를 설명해서는 안 됩니다.

오히려 합리적인 이유를 적극적으로 설명할 수 없다는 점이야말로 사랑을 사랑답게 만듭니다. 사랑 앞에서 근거는 무효할 뿐입니다. 사랑은 모든 합리적 과정을 건너뛰고 우리에게 지금 여기서 결단하기를 촉구하죠.

그에 비해 안심에는 '비용'과 '시간'이 필요합니다. 왜냐하면 증거를 수집하고 보고서로 정리한 다음 발표까지 해야 겨우 승인이 떨어지니까요. 회사에서 쓰는 '품의서'를 떠올려보길 바랍니다. 어째서 상사는 작은 안건에도 품의서를 제출하라고 할까요? 확고한 근거를 손에 넣어서 안심하고 싶기 때문입니다. 출판사의 기획회의도 마찬가지입니다. 특히 출판 경험이 없는 신인 작가의 원고를 출간하자고 주장하려면 책의 예상 판매 부수, 책의 파급력, 저자의 SNS 팔로워 수 같은 근거를 설득력 있게 제시해야 합니다. 그러지 못하면 신인 작가의 원고는 기획회의를 통과하기

어렵습니다. 이렇게 생각해보니 아무래도 일은 '신뢰'가
아니라 '안심'에 기초해서 이뤄지는 것 같습니다.

앞서 인용한 엔도 슈사쿠의『침묵』에서 로드리고는
신부임에도 불구하고 천국에 대해 묻는 모니카에게
'아니다.'라고 답하지 못했습니다. 그리고 그 때문에 독자는
로드리고를 주인공으로서 신뢰할 수 있습니다. '천국은 그런
곳이 아니다.'라고 말할 수 있음에도 불구하고 그러지 않기
때문에.

가톨릭교의 교의라는 시스템, 그리고 눈앞에 있는 신자를
향한 돌봄(구제). 둘 사이에서 로드리고는 어느 쪽도 선택할
수 없는 상태에 빠졌습니다.

진지하고 다정한 사람은 두 가지 극단 사이에서 어느 쪽도
선택하지 않을 수 있습니다.

우유부단優柔不斷이라는 말은 우리 일상에서 부정적으로 쓰일
때가 많지만, 곰곰이 생각해보면 그 속에는 '너그럽다優'와
'부드럽다柔'가 포함되어 있습니다. 결단이야말로 바람직한
행위라는 가치관에 기초해서 보면 우유부단한 성격은
분명히 장려할 만한 것이 아닙니다. 하지만 로드리고는
성실하기 때문에 갈등할 수 있었습니다.『침묵』속
로드리고가 갈등하고 주저하는 장면은 그의 인품, 그가 처한
상황을 묘사하는 데 무척 중요한 역할을 하는 것입니다.

'한쪽을 선택할 수 있음에도 불구하고' 어느 쪽도 선택하지
않는 로드리고. 로드리고의 자기 변화는 바로 그런 갈등에서
싹텄습니다.

역설에서 생겨나는 신뢰

'그럼에도 불구하고'라는 역설이 신뢰를 만들어낸다.
이를 뒤집으면, '그럼에도 불구하고'라는 역설 없이는
신뢰가 발생하지 않는다는 말입니다. 그런 사례를
살펴보겠습니다.
머지않은 미래를 무대로 하는 영화 「아이, 로봇」에서는
직립 이족 보행을 하는 로봇들이 인간 사회에 녹아들어
있습니다. 하지만 그 로봇들은 '인간다운 언동'을 하지
않고 어디까지나 인간의 명령을 따를 뿐인 존재로
묘사됩니다(인간 주인의 심부름을 하는 등).
배우 윌 스미스가 연기하는 영화의 주인공 스푸너 형사는
로봇을 싫어합니다. 스푸너는 어째서 로봇을 신뢰하지
않을까요? 그가 과거에 겪은 일 때문입니다.
몇 년 전 스푸너가 퇴근하여 집으로 돌아가던 길, 그는
대형 트럭 운전사의 졸음운전 때문에 교통사고를

당했습니다. 그때 다른 승용차 한 대도 트럭과 충돌했죠.
그 승용차에는 아빠와 열두 살 딸이 타고 있었는데, 운전을
하던 아빠는 즉사했습니다. 트럭과 충돌한 두 승용차는
강물에 빠졌습니다. 스푸너는 점점 물이 들어차는 차 안에
갇힌 채 죽음을 각오합니다. 그가 물속으로 가라앉으며
옆 차를 보았는데, 여자아이가 차창을 두드리며 차에서
나오려 했습니다. 그 순간, 사고 현장을 지나치던 로봇이
여자아이가 아니라 스푸너를 구조했습니다. "여자애를
구해! 저 아이를 구하라고!"라는 그의 외침을 무시하고
말이죠. 로봇의 두뇌가 두 사람의 혈압과 맥박 수 등을
'계산'해서 '논리적'으로 누구를 구할지 선택했던 것입니다.
로봇의 계산 결과 그 상황에서 성인 남성의 생존율은
45퍼센트, 여자아이의 생존율은 11퍼센트였죠.
로봇은 논리적이고 합리적인 자신의 프로그램대로 행동한
것이었습니다. 그 일을 떠올리며 스푸너는 다음처럼
내뱉습니다.

"하지만 아직 어린애였어. 11퍼센트라도 충분히 살 수
있어. 인간이라면 알 거야. 로봇한테는 마음이 없어. 그냥
기계야. 나는 안 믿어."

알고리즘, 혹은 구조 지침을 따르면 생존율이 높은 쪽을
구해야 마땅합니다. 하지만 그럼에도 불구하고 인간이라면
그 지침에 반하는 행동을 할 수 있다. 스푸너는 이렇게
말하고 싶었을 것입니다. 다시 말해 기계적인, 지침에
기초한 계산적 사고로부터는 신뢰가 생겨나지 않는다고.

규범으로부터의 이탈.
자신이 준수해야 할 규칙과 시스템을 깨고 그 밖으로 한 발
딛는 것.
지금까지 살펴본 것을 정리하면, 이타의 정의를 다음처럼
새롭게 쓸 수 있습니다.
자신에게 소중한 것이 있음에도 불구하고, 타인에게
이끌려서 자신의 소중한 것을 놓아버리는 것.
이타에는 이런 현상이 내재되어 있습니다.

혹시 여기에 높고 단단한 벽이 있고, 거기에 부딪쳐서
깨지는 알이 있다면, 나는 늘 그 알의 편에 서겠다.

그렇습니다, 아무리 벽이 옳고 알이 그르더라도, 그래도
나는 알 편에 설 것입니다.(…) 그 벽에는 이름이
있습니다. '시스템'입니다. 본래 그 시스템은 우리를
보호해야 마땅합니다. 하지만 때로는 그것이 저 혼자
작동하여 우리를 죽이고, 우리로 하여금 다른 사람을
살해하게 만듭니다. 냉혹하고 효율적으로, 그리고
체계적으로.

내가 소설을 쓰는 이유를 요약하자면 단 한 가지입니다.
개인이 지닌 영혼의 존엄을 부각시키고 거기에 빛을
비추기 위함입니다. 우리 영혼이 시스템에 얽매여
멸시당하지 않도록 늘 빛을 비추고 경종을 울리자,
이것이 바로 이야기의 역할입니다.*

무라카미 하루키가 예루살렘상을 수상하고 발표한 이
소감문에 쓰여 있듯이 시스템은 개별적인 존재들을
돌보지 않습니다. 왜냐하면 인간이라는 존재는 불합리하기
때문입니다.
인간의 불합리성에 대한 글을 하나 더 소개하겠습니다.

———— * 무라카미 하루키 지음, 이영미 옮김, 『무라카미 하루키 잡문집』 비채 2011,
91~92면.

결혼식을 앞두고 가장 사랑하는 이를 교통사고로 잃은
사람이 있다. 이 사람은 틀림없이 '왜?'라고 질문할
것이다. '왜 그 사람이 죽었을까?' 이 의문에 대해 의사는
'두부 외상을 비롯해….'라고 긴 답을 말할 것이다.
그 답은 틀리지 않았다. 틀리지 않았지만, 질문자를
만족시킬 수는 없다. 그 올바른 답이 어째서 질문자를
만족시킬 수 없을까. 그 이유는 '왜why'를 묻는 질문을
'어떻게how'를 묻는 것으로 바꿔서 답했기 때문이다.*

올바르지만 만족할 수 없는 설명. 틀리지 않았지만
납득할 수 없는 이유. 인간이란 그저 논리적일 수는 없는
존재입니다. 우리의 마음은 그 정도로 합리적이지 않습니다.
우리의 뇌가 인공지능만큼 계산론에 기초해 빈틈없이
만들어졌다면, 적절한 시스템이 우리를 구원해줄지도
모릅니다. 하지만 우리의 뇌는 진화의 산물에 지나지
않습니다. 누더기처럼 얼기설기 엮여 있고, 편견투성이에,
초지일관하지 않는, 몹시 성가시고 복잡한 하드웨어가
인간의 뇌입니다.
이타는 그런 우리의 뇌와 시스템 사이의 간극을 메웁니다.

———— * 河合 隼雄,『ユング心理学入門』培風館 1967, p.2-3.

자, 슬슬 지금까지 '시스템'이라고 불러온 것에 알맹이를
채워 넣어야겠습니다.

시스템이란 무엇일까요?

바로 철학자 루트비히 비트겐슈타인Ludwig Wittgenstein이
고안한 '언어놀이'라는 개념입니다.

우리가 언어놀이를 논해야 하는 이유는 더 있습니다. 바로
이타의 필요조건인 돌봄 개념에 아포리아aporia*가 숨어
있기 때문입니다.

앞서 논한 돌봄의 정의를 마주한 우리 앞에는 한 가지
의문이 나타납니다.

'타인이 소중하게 아끼는 것이 무엇인지 대체 어떻게 알 수
있지?'

타인의 소중한 것을 안다는 말은 곧, '마음'이라는 타인의
내면을 안다는 뜻입니다.

소중히 아끼는 것과 그 사람의 마음.

이 둘은 밀접하게 연관되어 있습니다.

왜일까요?

예를 들어 생각해보죠. 바로 비애.

비애는 어떨 때 나타날까요?

---

* 그리스어로 해결하기 어려운 문제를 뜻한다. 단순히 해결하지 못하는
것으로 끝나지 않고 새로운 탐구의 출발점이 되기도 한다.

소중한 것이 이 세상에서 사라졌을 때입니다. 우리는 누군가를 대할 때 그 사람의 소중한 것이 마음속에 '이미' '나와 만나기 전부터' 존재하기 때문에 그가 기쁨 가득한 행동, 비애에 빠진 언동을 보이는 것이라고 생각합니다. 타인의 마음이라는 존재를 그런 인과의 흐름 위에서 이해하죠. 그런 것이 마음에 대한 **상식적인** 묘사입니다. 그렇지만 바로 그 상식적인 이미지가 우리의 돌봄을 방해합니다.

애초에 우리는 어째서 그런 이미지에 다다랐을까요? 왜냐하면 우리가 타인의 마음을 이해하는 데 자주 실패하기 때문입니다.

마음이 언동보다 앞서서 **확고한 실체**로 존재하는 것이 아니다.

상식에서 너무나 동떨어진 이 주장을 비트겐슈타인의 철학에서 끌어내보겠습니다. 이 주장이야말로 우리가 돌봄을, 그리고 이타를 실천하는 데 이론적 토대가 될 것입니다.

우리는, 타인의 마음을 알 수 있습니다.

언어놀이라는 개념(비트겐슈타인은 '개념'이라고 부르지
않고, 비유 또는 유추라고 했습니다)을 상세히 해설하고
본격적으로 논의에 도입하는 것은 다음 장에서 하겠습니다.
지금은 이타론, 돌봄론을 다룰 때 어째서 언어놀이를
이야기해야 하는지 또 다른 사례를 통해서 확인해보죠.
상대방을 위하는 선의로 한 일이 상대방에게 전혀 기쁘지
않은, 오히려 상대방에게 상처를 주고 마는 경우가 종종
있습니다. 즉, 내가 건네는 다정함과 상대방이 받는
다정함이 엇갈리고 마는 문제죠. 이는 「시작하며」에서
언급했듯이 이 책에서 풀려는 주된 과제이기도 합니다.
이 '다정함의 수수 문제'는 어느 게임 용어를 활용해
살펴보면 매우 뚜렷해집니다.

바로 '버프Buff'와 '디버프Debuff'입니다.

'버프'와 '디버프'는 주로 온라인 게임에 등장하는
개념입니다. 예를 들어 아군 플레이어와 협력해 (적을
무찌른다든지 목적지에 도착한다든지 하는) 목표를
달성해야 하는 게임에서 내가 지닌 특수 능력으로 아군
플레이어의 공격력을 높이거나 다친 동료를 치료하는
등 긍정적 효과를 부여하는 것을 '버프'라고 합니다.

그와 반대로 아군의 속도를 느리게 하거나 적의 공격에
대한 방어력을 낮추는 등 부정적인 효과를 주는 것을
'디버프'라고 부르죠.

간단히 말해서 게임 속 목표 달성에 도움을 주는 효과를
버프라 하고, 목표 달성을 어떤 식으로든 방해하는 것을
디버프라고 합니다.

버프와 디버프가 온라인 게임에 한정된 것은 아닙니다.
의미를 좀 확장할 수도 있죠. 이를테면 실제 축구 시합에서
관객이 보내는 '응원'은 축구장에서 뛰는 선수들의 사기를
올려주는 효과가 있을 테니 버프라고 할 수 있습니다.
아니면 수비수의 헌신적인 활약 역시 팀 전체를 고양시킬
수 있으니 버프인 셈이죠. 그에 비해 관중의 야유는
디버프일 것입니다.

이 정도면 버프와 디버프를 이해할 수 있을 것 같습니다.
버프와 디버프라는 대립 개념을 활용하면 '다정함의 수수
문제'를 다음처럼 바꿔 쓸 수 있습니다.

아군 플레이어에게 '버프'를 주려고 했던 일이 그
플레이어에게 '디버프'가 되는 현상.

어째서 굳이 버프와 디버프 개념을 소개하는가 하면, 버프와
디버프의 관점에서 보았을 때 '다정함의 수수 문제'는 결코
일어날 수 없는 일이기 때문입니다.

게임 속에서 버프는 반드시 버프이고, 디버프는 반드시 디버프입니다. 버프가 디버프로 바뀌는 반전은 일어날 수 없습니다. 왜냐하면 플레이어의 '공격력을 높이는 것'은 '게임 내에서 필연적으로 좋은 일'이기 때문입니다. 만약에 플레이어의 속도가 빨라지는 것이 디버프(부정적 효과)라면, 그 플레이어가 무언가 외적 요인 때문에 자신이 패배하길 바라든지 '저 아군 너무 짜증 나는데 이기게 해주기 싫다.'라고 생각할 때만 그럴 것입니다. 하지만 '게임'이라는 개념은 그러는 것을 금지합니다. 게임 내에서 플레이어는 반드시 '목표를 달성하려는 존재'여야 합니다. 그렇지 않으면 게임 자체가 성립되지 않죠. 게임의 성립 조건에는 '목표 달성은 **바람직한 일**, 혹은 **목적**이다.'라는 전제가 포함되어 있습니다. 그것은 게임 내의 '도덕'이자 '규범'입니다.

이제 우리는 한 가지 중요한 결론에 다다를 수 있습니다.

'좋다/나쁘다'를 판단하는 관점은 특정 게임 내에서만 확정된다.

모든 게임에 공통되는 '좋다/나쁘다'는 존재하지 않는다.

선악은 게임에 의존한다.

여기서 간단히 이끌어낼 수 있는 명제corollary는 다음과 같습니다.

만약 아군 플레이어가 건넨 버프가 상대방에게 디버프가
되는 '버프/디버프 반전'이 일어난다면, 그것은 두
플레이어가 **같은 게임을 하고 있지 않다는 것**이다.

즉, 누군가 건넨 버프(다정함)가 상대방에게 디버프(불편한
친절)가 된다면, 그 두 사람이 서로 다른 게임을 하고
있는 것이라는 말입니다. 흔히 다정함과 불편한 친절은
받는 사람이 인식하기 나름이라고 하는데, 그런 안이한
상대주의는 생산적이지 않고 사실도 아닙니다.

사실은 다음과 같습니다.

같은 언어놀이 속에 있는 한 다정함은 모든 사람들에게
다정함으로 통한다. 같은 게임 내에서 버프는 반드시
버프고, 디버프는 반드시 디버프이듯이.

다만, 현실에서는 '현대 사회'에 접어들며 타인과 같은
언어놀이를 하는 것이 몹시 어려워지고 말았습니다.

가치관의 다양성은 사람들이 같은 언어놀이를 하는 것을
방해합니다. 여기서 가치관의 다양성은, 곧 소중한 것의
다양성이라는 점이 중요합니다.

개성이 '소중히 아끼는 것들'의 다양성을 가리킨다면,
그것을 '상처'의 다양성이라고 다르게 표현할 수도
있습니다.

'상처'의 정의를 다시 떠올려봅시다.

상처는 내게 소중한 것이 누군가에게 소중히 여겨지지
않거나 자기 자신이 그것을 소중히 아끼지 못했을 때
생겨난다고 했습니다.

소중히 아끼는 것이 각 주체마다 모두 다르다면, 소중한
것으로 인해 생기는 '상처'의 모양도 한 사람 한 사람 다를
것입니다. 즉, 상처 입는 방식도 사람마다 다르고 끝없이
다양하다는 말이죠.

돌봄에서는 이런 인식을 갖고, 절도를 지키는 것이
중요합니다. 하지만 중요함에도 불구하고 바로 그 때문에
돌봄이 어려워집니다. 내 상처를 참고해서 상대방의 상처를
치유하려 해도, 내 돌봄이 제 역할을 해내는 건 오직 내
상처와 상대방의 상처가 같은 종류일 때뿐입니다.
상처가 다르면 해야 하는 처치도 달라지게 마련이죠.
그래서 돌봄은 상대방의 상처를 파악하는 것으로부터
시작됩니다.

반복하지만, 가치관이 다양한 시대는 사람들의 소중한
것이 다양한 시대입니다. 그리고 그 때문에 현대는 상처의
다양성이 있는 시대라고도 할 수 있죠. 개성은 그 사람이
지닌 '능력'만으로 규정되지 않습니다. 개성은 '상처의
다양성'이며, 그래서 상처의 기억이 한 사람을 구성한다고
할 수 있습니다.

과거의 상처들은 마치 별자리처럼 선으로 연결되어 하나의
개성을 이룹니다. 그렇게 그려진 사람의 별자리는 한 사람
한 사람 모두 다릅니다.
바로 그 때문에 우리의 다정함은 서로 엇갈립니다.
그러면 다시 앞으로 돌아가서, 비트겐슈타인이 제시한
'언어놀이'라는 비유, 유추는 대체 무엇일까요?

4장

마음은

숨겨져 있다?

우리는 사람의 마음을 잘못 파악한다

우리는 타인의 마음을 착각합니다. 심지어 자주 착각합니다.
소중한 사람의 마음을 잘못 읽습니다. 부모 자식과 연인
사이에도 그런 일은 두드러집니다.
부모 자식이란 본래 돌봄이 이뤄지는 관계일 것입니다.
사랑하는 사이도 그렇죠.
우리는 돌보고 돌봄받기 위해 사랑하고, 서로 마음이
끌리기도 합니다.
두 사람을 특별한 관계로 이끄는 것은 바로 돌봄입니다.
생텍쥐페리의 『어린 왕자』를 예로 들어보겠습니다.
이야기의 화자인 '나'는 여섯 살 때 어떤 책을 읽다가 맹수를
집어삼키려 하는 거대한 보아뱀의 그림을 봅니다.

"나는 그 그림을 보고 나서 밀림의 모험들을 곰곰이
생각해보았으며, 드디어 색연필을 들고 나의 첫 그림을 용케
그려내었다. 그건 다음과 같았다."

나는 내 걸작을 어른들에게 보여주며 내 그림이 무섭지
않느냐고 물어보았다.
어른들은 대답했다. "아니, 모자가 왜 무서워?"
내 그림은 모자를 그린 게 아니라 코끼리를 소화시키고
있는 보아뱀을 그린 것이었다. 그래서 나는 어른들이
알아볼 수 있도록 보아뱀의 속을 그렸다. 어른들에겐
항상 설명을 해줘야만 한다. 내 그림 2호는 아래와
같았다.*

생텍쥐페리의 『어린 왕자』로부터. '나'의 그림 1호(위)와 2호(아래).

———— *앙투안 드 생텍쥐페리 지음, 황현산 옮김, 『어린 왕자』 열린책들 2015, 8면.

하지만 주위 어른들은 그림의 가치를 인정해주지 않습니다. '나'의 생애 첫 그림들을 제대로 상대해주지 않죠. 즉, '나'의 소중한 것(걸작)을 누구도 소중히 여겨주지 않은 것입니다. 어른들은 "속이 보이는 보아뱀이나 안 보이는 보아뱀의 그림 따위는 집어치우"라고, "차라리 지리나 역사, 산수, 문법에 재미를 붙여보라고" 말할 뿐이었죠.

"나는 이렇게 해서 내 나이 여섯 살 때 화가라는 멋있는 직업을 포기했다."

'포기'라 하면 어른이 하는 것이라고 생각할지 모르겠습니다. 하지만 저는 오히려 어른이 깨끗이 포기할 줄 모른다고 생각합니다. 자신의 생각이나 계획에 집착하고 고집을 부리죠. 오히려 어린아이들이 훨씬 많은 것을 포기합니다. 내게 소중한 것을 모두가 소중히 아껴주지 않으니까요.

『어린 왕자』의 '나'는 화가를 포기하지만, 그래도 내가 아끼는 소중한 것의 가치를 알아주는 사람이 있으리라고 믿습니다.

나는 좀 똑똑해 보이는 사람을 만날 때마다, 항상 품고 다니던 내 그림 제1호를 꺼내 그를 시험해보곤 했다. 그가 정말 이해력이 있는 사람인가 알고 싶었던 것이다.

그러나 늘 이런 대답이었다. "모자로구먼." 그러면 나는
보아뱀 이야기도 원시림 이야기도 별 이야기도 꺼내지
않았다.*

그리하여 '나'는 "진심을 털어놓고 이야기할 사람"도 없는 채
어른이 됩니다. 화가가 아닌 비행기 조종사가 되어서 사하라
사막에 불시착하는 그때까지.

혼자 불시착한 사막에서 '나'는 작은 왕자를 만납니다.
어린 왕자는 "저… 양 한 마리만 그려줘!"라고 '나'에게
부탁합니다. 하지만 '나'는 속이 보이지 않는 보아뱀과
보이는 보아뱀밖에 그릴 줄 모릅니다. 그럼에도 왕자는
"괜찮아. 양 한 마리만 그려줘."라고 간청합니다. '나'는 그릴
줄 아는 유일한 그림을 그려서 보여줍니다. 그런데 그림을
본 어린 왕자가 놀라운 말을 합니다.

"아냐, 아냐! 난 보아뱀의 뱃속에 있는 코끼리는 싫어.
보아뱀은 아주 위험하고, 코끼리는 아주 거추장스러워.
내가 사는 데는 아주 작아서. 나는 양을 갖고 싶어. 양 한
마리만 그려줘."**

———— * 같은 책, 9면.
　　　 ** 같은 책, 13면.

화가가 되고 싶었던 '나', 자기 그림의 의미와 가치를
주위에서 이해해주지 않아 화가를 포기한 '나'에게 그림을
그려달라고 부탁하는 어린 왕자가 등장한 것입니다.
그리고 무엇보다 중요하고 결정적인 점은 어린 왕자가
'나'의 소중한 것을 간파하여 조금도 틀리지 않고 무슨
그림인지 알아맞힌 것입니다. 아니, 이렇게 표현하면
어린 왕자가 의도적으로 맞힌 듯하니 정확하지 않습니다.
어린 왕자에게는 '나'의 그림이 그저 '거대한 보아뱀에게
잡아먹힌 코끼리'로 보였을 뿐이니까요.
이런 일화 덕분에 '나'와 어린 왕자 사이에는 관계가
맺어지고, 그 뒤의 이야기도 이치에 맞게 되는 것입니다.

말로 표현하지 않으면 알 수 없어

특별한 관계라서 돌봄이 일어나는 것이 아닙니다. 돌봄은
어느 순간 예고 없이, 우연히, 갑자기 일어납니다. 두 사람은
그 돌봄을 깨닫습니다. 돌봄이 사람 사이를 연결해주고, 두
사람은 서로가 특별한 존재라는 것을 알게 되죠.
우정도 사랑도, 모두 돌봄으로부터 시작됩니다. 그리고 그
우정과 사랑을 인지하는 것은 언제나 반드시 한발 늦습니다.

131

깨달았을 때는 이미 시작되어 있죠. 또한 깨달았을 때는 이미 한참 전에 끝나버려 있고요. 깨달음은 언제나 너무 늦습니다.

우리는 매일매일 늦게 알았다고 후회합니다. 더 빨리 알았더라면. 하지만 깨달음의 계기는 언제나 느리게 찾아오는 법입니다. 그것이 '깨달음'이라는 말의 문법이나 다름없죠. 그래서 모든 발견은 '그랬구나.'라는 과거형으로 쓰이는 것입니다.

그리고 그 때문에 우리는 타인과의 관계를 다음처럼 탄식하게 됩니다.

말로 표현하지 않으면 알 수 없어.

지금 무슨 생각을 하는지, 마음이 어떤지, 그런 걸 빠짐없이 말로 변환하여 번역해주지 않으면 알 수 없다고 우리는 말합니다.

그렇지만 우리가 살아 있다는 실감을 느끼거나 타인을 신뢰할 수 있는 순간은 '내 마음을 말로 충분히 표현하지 못하고 적절히 설명하지 못했음에도 **불구하고**, 상대가 이해해준 것 같은 때'가 아닐까요?

그것은 '침묵을 들었구나.'라고 느낄 법한 일입니다('침묵을 듣다'라는 표현은 1장에서 소개한 범프 오브 치킨의 가사에서 빌렸습니다).

그와 반대로 만약 일상적인 의사소통이 내 마음을 구석구석
언어화하고 있는 그대로 전달해 상대방을 이해시키는 것을
목표하거나 내가 원하는 바를 분명한 언어로 이야기해서
상대방을 내 바람대로 움직이는 것을 목표한다면, 그런
소통은 **식당에서 손님이 하는 '주문'과 다를 바 없을 것입니다.**

식당에서 주문이라는 소통을 할 때, 상대방은 나를 깊이
이해할 필요가 전혀 없습니다. 왜냐하면 주문에서는 내가
책임지고 명확한 언어로 상대방에게 '나'를 설명해야 하기
때문입니다.

상대가 누구든 성립되는 의사소통.

물론 그런 소통이 편한 순간도, 그 덕에 안심을 느끼는
순간도 있을 것입니다. 내가 어떤 사람인지 전혀 묻지 않는
공간. 그저 기계적으로 처리해주는 시스템. 하지만 오늘날
문명사회에는 그런 장면이 지나치게 많지 않은가요?

당신이 어떤 사람이든 별로 상관없어. 시스템은 당신의
개성, 이력, 사고방식, 기억, 감정 따위는 신경 쓰지 않아.

일상을 흘려보내는 데는 안성맞춤일 수도 있겠습니다. 무척
건조하고, 간편하고, 효율적인 시스템이죠.

그렇지만 그런 건 일면식도 없는 사람과의 관계입니다.

우리 모두는 중요한 타인을 원합니다.

무척 축축하고, 성가시기 그지없고, 너무나 비효율적인,

유효성 같은 개념과는 동떨어진 관계. 우리는 바로 그런 타인에게 불합리한 바람을 품을 것입니다. '말하지 않아도 알아주면 좋겠어.'

내 마음을 잘 설명할 수 없지만, 그래도 이해하려고 해주면 좋겠어.

모든 사람은 커다란 보아뱀 그림처럼 '누구도 이해해주지 않는 그림'을 지니고 살아갑니다.

언젠가 어딘가에서 내가 남몰래 소중히 아껴온 것의 가치를 알아주는 사람과 마주치길 기도하면서.

시스템에는 어긋난 구석이 없다

애초에 우리는 왜 그처럼 성가시고 어긋난 바람을 품을까요?

그 이유는 앞선 장에서 살펴봤듯이 신뢰가 '불확실성'이라는 땅에 뿌리내린 마음의 변화이기 때문입니다. 신뢰의 계기에는 '그럼에도 불구하고'라는 어긋난 우회로가 필요하다고 했죠.

그에 비해 식당이나 편의점에서 하는 주문에는 불확실성이 없습니다. 주문이란 완벽한 시스템이기 때문입니다.

'시스템'이라는 개념에 예외는 존재하지 않습니다. 시스템에는 당연히 불완전함도 모호함도, 이른바 인간적인 판단이 필요한 상황이 존재하지 않습니다. 물론 현실에 존재하는 시스템을 이야기하는 것은 아닙니다. 시스템의 원칙은 그런 것이라는 말이죠. 시스템을 설계하면서 굳이 거기에 어긋난 구석을 집어넣지는 않습니다. 의도하지 않은 '버그'가 발생할 때는 있지만, 처음부터 버그를 포함시키는 것은 시스템의 정의상 불가능합니다. 의도적으로 포함된 버그는 그저 '구조'의 일부죠. 그렇기에 시스템 내부에서 '그럼에도 불구하고'라는 어긋난 구석은 배제됩니다.

시스템이 내부에 있는 인간을 움직이는 규칙을 정리한 것이 '매뉴얼'입니다. '고객이 ○○했을 경우에는 ××로 대처할 것.' '청소는 다음 순서대로 할 것.' 마치 장기의 박보博譜*처럼 시스템의 매뉴얼에는 예상되는 온갖 상황이 나열되고, 각 상황마다 '결정적 한 수', 즉 해야 하는 작업이 명확하게 규정되어 있습니다. 만약 고객이 '예상을 벗어난 한 수'를 둔다면, 현장은 혼란에 빠지든지 아예 멈춰버리죠. 그런 경우 규탄을 받는 사람은 현장 노동자들이 아니라 매뉴얼 작성자, 시스템 설계자입니다. 왜냐하면 매뉴얼 작성자,

———— * 장기 두는 법을 풀이한 책. 어떤 상황에서 어떻게 장기짝을 움직여야 외통수가 되는지 등을 풀어내야 한다.

시스템 설계자가 그 놀이와 규칙, 즉, 장기판과 장기짝(그와
더불어 말에 관한 규칙)을 만들어냈기 때문입니다.
그들에게는 고객의 '다음 한 수'를 예측하고 온갖 상황을
대비해 시스템을 만들지 못한 것에 대한 책임이 있습니다.
자신의 제조물에 대한 책임과 그로 인한 권위도 있죠.

모든 것을 내려다보는 신의 관점

비트겐슈타인은 우리의 언어적 소통을 '체스' 같은 놀이에
비유해서 '언어놀이'라고 불렀습니다. 언어놀이는 이론이
아니라 일종의 비유입니다. 다시 말해 우리의 일상 대화를
체스, 장기, 카드게임, 아니면 운동경기로 한번 바꿔서
생각해보자고 하는 것이죠.

> "언어란 무엇인가?"라는 질문은 "장기짝이란
> 무엇인가?"라는 질문과 완전히 유추적이다.*

───── * ルートヴィヒ・ウィトゲンシュタイン(著), 奧 雅博(譯),『哲学的考察 ウ
ィトゲンシュタイン全集 2』大修館書店 1978, 第18節. (원서: Ludwig
Wittgenstein, Rush Rhees(Ed.), *Philosophische Bemerkungen*,
Suhrkamp 1984)

비트겐슈타인의 주장은 다음과 같습니다(참고로 앞선 인용문에는 '장기'라고 쓰여 있지만, 원문에는 '체스'입니다). 이를테면 장기의 규칙 등을 전혀 모르는 사람이 "저기 '차庫'라는 건 뭐야? '차'는 무얼 뜻하는 거야?"라고 질문했을 때, 그 장기짝의 재질과 모양을 가리키며 "이거야."라고 답하는 사람은 없을 것입니다. 만약에 "이게 차야."라고 눈앞에서 장기짝을 보여주며 설명한다고 해도, 장기에서 '차'의 의미를 제대로 설명한 것은 아니죠.

무언가를 가리키면서 '이건 ○○이다.'라고 정의하는 것을 직시적 정의라고 합니다. 흔히 우리는 '말의 의미는 그 대상을 가리킴으로써 보여줄 수 있다'고 믿습니다. 직시적 정의로 말의 의미를 전달할 수 있다고 믿는 것이 우리의 상식적 언어관(그리고 언어가 파놓은 철학적 함정)이라고 할 수도 있죠. 가령 어린아이가 "스마트폰이 뭐예요?"라고 물었을 때, "이거야."라면서 스마트폰을 보여주면 아이가 이해할 것이라고 말입니다.

그렇지만 그것만으로는 어린아이가 '스마트폰'이라는 말을 능수능란하게 구사할 수 없습니다. 예를 들어 '스마트폰'이라는 말을 '화면을 조작할 수 있는 기계'라고 오해할 경우, 그 아이는 태블릿 PC와 컴퓨터까지 '스마트폰'으로 부를지도 모릅니다.

일반적으로 우리가 '어떤 말의 의미를 이해하고 있다'는 것은 일상생활의 온갖 상황에서 **그 말을 사용할 수 있는 것** 자체를 가리킵니다. 그리고 생활에서 이뤄지는 '말의 사용'은 그저 입 밖으로 소리 내는 것만이 아닙니다. "아빠한테 스마트폰 좀 가져다줘."라는 발화를 생각해보면, 정말로 스마트폰을 이해하는 아이는 말로만 답하는 것이 아니라 '가져다주는' 행동으로 응답하겠죠. 비트겐슈타인이 우리의 소통을 언어놀이라 부르면서 놀이에 비유한 것은 바로 그런 뜻이 있었기 때문입니다(참고로 '언어게임'이라고 번역하는 경우도 많은데, 비트겐슈타인은 독일어의 'spiel'이라는 단어를 사용했습니다. 영어로는 'play'에 해당하는 단어죠. 연기, 놀이, 연극 같은 뜻도 담겨 있는 셈입니다).

'차'라는 장기짝의 의미도 마찬가지입니다. '차'의 의미에는 재질과 모양새가 아니라 장기라는 놀이 전체에서 그 말이 어떻게 움직이는지, 어떤 역할을 맡고 있는지, 어떤 상황에서 활약하는지 등이 포함됩니다. 장기 문외한에게 어떤 상황에서 '차'를 이렇게 움직이면 상대가 저렇게 받아친다, '차'를 움직여서 상대의 어떤 수를 유도할 수 있다, 하는 예를 보여주면 그는 점점 장기짝 '차'의 의미를 이해하게 됩니다. 그리고 장기짝의 의미처럼 말의 의미는 그 사용법, 행동과 실천을 포함한 쓰임새에 있습니다.
말의 의미는 어떤 발화라는 한 수에 대해 나는 어떤
수(발화)로 응답할 수 있을까, 내가 내미는 수가 상대의
어떤 수(발화)를 이끌어낼까, 하는 점에 있는 것입니다.

자, 여기까지 살펴보니 우리가 무엇을 검토해야 하는지
뚜렷해집니다. 앞서 우리의 소통에서는 불확실성이
중요하다고 했습니다. 그런데 우리의 언어적 활동이 장기나
체스와 완전히 유추적, 즉 여러 속성이 유사하다면 우리는
어째서 타인과 소통할 때 '무슨 생각을 하는지 모르겠어.'
혹은 '저 사람의 마음을 알 수 없어.'라고 느낄까요?
장기에서 '차'를 움직이는 방식에 불확실한 점은 하나도
없습니다. 우리가 '이게 대체 무슨 의미지?'라고 생각하는
것은 놀이의 규칙을 모른다는 뜻이 아닙니다. 장기와 체스는
시시각각 규칙이 변화하는 놀이가 아닙니다. 만약 규칙이
변하면, 그건 더 이상 장기나 체스가 아닌 다른 놀이죠.
어떤 놀이가 계속 같은 놀이인 이상, 그 놀이 속에 규칙을
이해하지 못하게 된다는 불확실성은 존재하지 않습니다.
그러니 문제는 다음처럼 정리할 수 있습니다.
'마음은 숨겨져 있어서 타인은 알 수 없다.'라는 이미지는
어디에서 비롯되었을까?

'마음은 숨겨져 있다.'라는 것은 대체 어떤 주장일까? 그리고 그 주장은 어떤 점에서 올바를까?

『어린 왕자』의 거대한 보아뱀 그림처럼 외적으로 드러난 소통의 이면에 무언가 숨겨져 있는 놀이.

이를테면 트럼프나 화투로 하는 놀이.

그런 놀이에서는 분명히 '상대의 수를 읽는다.' 혹은 '상대의 마음을 읽는다.' 같은 표현이 자연스레 쓰이는 장면이 있습니다.

서로 생각과 마음을 읽는, 심리전.

상대의 의도를 읽어낸 사람은 승리하고, 자신의 생각과 패를 들킨 사람은 패배하죠.

상대방이 카드를 보여주는 방식, 화투짝을 내는 순서가 무작위라 노림수가 전혀 보이지 않을 때, 우리는 '지금 무슨 생각을 하는 거지?'라고 불안해합니다.

타인의 마음은 보이지 않는 건너편의 카드, 화투짝에 있다.

바로 이 대목입니다. 우리가 빠진 마음에 관한 철학적 함정이 이 대목에 있습니다.

'여기서는 보이지 않는 건너편'.

트럼프, 화투로 하는 놀이에서는 그 건너편을 보려고 하면 볼 수 있습니다.

무척 간단히 말이죠.

상대방의 뒤로 돌아가서 손안을 들여다보면 그만입니다. 그때까지 숨겨져 있던 상대의 의도, 즉 마음은 상대가 손에 든 카드와 화투짝에 담겨 있습니다. 말 그대로 서는 위치, 시점을 바꾸면 손안의 패, 즉 상대의 마음을 모조리 볼 수 있습니다.

아니면 놀이를 멈추고 "근데 지금 손에 들고 있는 카드는 뭐야?"라고 서로 패를 공개할 수도 있습니다. 그러면 '아, 그런 거였구나.'라고 알 수 있죠. 손안의 카드를 보여주기만 해도 무엇을 노리고 있었는지, 방금 전의 수는 무슨 의미였는지 공유할 수 있습니다.

텔레비전에서 심리전이 펼쳐지는 포커와 e스포츠 등을 방송할 때, 여러 카메라 중 한 대는 각 선수의 뒤에서 모든 과정을 촬영합니다. 그 덕분에 시청자는 시시각각 변화하는 치열한 상황을 즐길 수 있죠. 여기서 중요한 점은 선수 뒤에 설치된 카메라, 다시 말해 시청자의 시점이 그 게임을 바라보는, 이른바 **'신의 시점'**이라는 것입니다.

저 사람에게는 보이지 않지만, 나는 이 사람의 수를 안다. 물론 저 사람의 수도.

이것이 신의 시점입니다.

신은 놀이에 참가하지 않으며, 자신이 원하는 자리에서 놀이를 관전할 수 있습니다. 사실 여기서 꼭 짚어야 하는

점은 그처럼 각 참가자의 시점에 설 수 있는 존재(신)는
설령 신이라고 해도 직접 놀이에 참가할 수 없다는
것입니다. 아니, 바로 신이기 때문에 놀이에 참가할 수 없죠.
왜냐하면 '놀이 외부'에서는 분명히 물리적으로 각 참가자의
패를 볼 수 있지만, 그러는 것은 '놀이 내부'에서 금지된
행위이기 때문입니다. 그런 것을 게임적 불가능성이라고
합니다. 아무리 신이라 해도 놀이 내부에 침입한 순간
전지전능함이 박탈됩니다.

그렇지만 신은 놀이 외부에서 내부를 관찰할 수 있습니다.
달리 말하면, 신에게는 놀이 자체를 파괴할 권능이
있습니다. 왜냐하면 신이라는 위치에 있는 주체가 놀이
내부에 발을 딛는 순간, 규칙이 무의미해지기 때문입니다.
포커를 예로 들면, 그 놀이가 포커인 이상 규칙에 따라
참가자는 상대방의 손안을 봐서는 안 됩니다. 상대의
패를 볼 수 있어서는 안 되죠. 만약 시합 양상을 촬영하는
카메라의 시점을 지닌 주체가 포커에 참가하면, 그 순간
시합 자체가 변하기 때문입니다. 포커에는 '속임수'도
있을 수 있지 않느냐고 반박할지 모르겠습니다. 속임수가
정말 속임수로 존재함에도 불구하고 그 포커가 원래대로
계속 진행되기 위해서는 상대방을 비롯한 다른 참가자들,
그리고 심판의 눈을 속여야만 합니다. 즉, 신이 놀이 내부로

들어오면 인간인 척해야 하는 것입니다. 신은 놀이 내부에서 자신의 정체(전지전능함)를 들켜서는 안 됩니다. 들키면 더 이상 놀이가 계속될 수는 없죠.

그래서 우리는 신들린 듯한 활약과 승리를 '기적'이라 부르고, 그와 반대를 '절망'이라 부르는 것입니다.

기적도 절망도 놀이 내부에서는 결코 일어날 리 없었던 일들입니다. 그러므로 신은 그 신이라는 말의 문법상 기적과 절망을 일으키는 존재입니다. 신이라서 기적을 일으킨다는 말이 아닙니다. 기적이 일어나면 소급적으로, 즉 나중에 돌이켜보며 그 일은 신이 행하신 일이었다고 하는 것입니다. 다시 말해 일어날 리 없는 일이 일어났을 때, 그 전말을 합리화하고 파악하기 위해서 '신이 행하셨다.' 혹은 '신이 나타나셨다.'라고 이야기화하는 것이죠.

이야기는 놀이 외부에서의 침입을 합리화하고, 그 일을 다시 우리의 언어 내부로 집어넣기 위해 필요한 것입니다. 그래서 그 이야기는 언제나 '그랬던 것이 되다.'라는 형식을 취하죠.

'숨겨진 마음'이 정말 있을까

자, 앞서 문제는 '여기서는 보이지 않는 건너편'이라는 표현이었습니다.

트럼프와 화투 같은 놀이 내부에서는 타인의 내적인 노림수와 생각을 알 수 없습니다. 하지만 놀이 외부로 자리를 옮긴다는 가능성이 남아 있죠. 즉, '공개될 수 있는 것'이 있습니다. 그렇다면 '고통' 혹은 '슬픔'의 경우에는 어떨까요?

언어놀이에서 한 장면을 생각해보죠. 우리가 파악할 수 있는 것은 그 사람의 외면적 태도, 표정, 언행 등입니다. 사실 언어놀이에서 상대로부터 받을 수 있는 건 그처럼 외부에서 관측 가능한 것밖에 없죠. 비유하면 그건 상대방이 모두에게 보여주는 트럼프 카드, 상대방이 바닥에 내려놓은 화투짝입니다. 당사자 외의 참가자들이 볼 수 있는 것은 그것뿐이죠. 그런데 우리는 일상의 언어놀이에서도 상대방에게 숨겨둔 카드, 화투짝이 있으리라 암묵적으로 단정하고 있지 않을까요? '숨겨진 마음' 말입니다.

그렇지만 '숨겨져 있다'는 개념은 '언젠가 드러난다.'나 '탐색할 수 있다.' 혹은 '찾으려고 하면 찾을 수 있다.' 같은 전제가 있어야 성립되는 것입니다.

"이 상자 속에 마음이 들어 있다. 하지만 상자 속을 볼 수도 없고, 흔들어서 소리가 나는지도 확인할 수 없다. 그래도 이 상자 속에 마음이 들어 있다."

이렇게 우기는 사람이 있다고 하죠. 이 사람이 이토록 분명히 말함으로써 무엇을 가리키려 하는 것인지, 우리는 알 수 없습니다. 그러니 우리는 당연히 묻겠죠.

"직접 본 적도 손댄 적도 없는데, 왜 상자 속에 무언가가 들어 있다고 생각하죠?"

언젠가 발견할 수도 없고 아예 탐색이 불가능한데도 불구하고 무언가가 있다고 주장하는 사람은 대체 무엇을 가리키며 주장하는 것일까요. 단적으로 말해서 그런 것은 없다고 해야 하지 않을까요.

비트겐슈타인은 이 '실체화된 사적인 마음'이라는 이미지를 비판하는 글에서 인상적인 사고실험을 제시했습니다.

> 내가 나 자신에 대해, 나는 "고통"이란 낱말이 무엇을 의미하는지를 오직 나 자신의 경우로부터 안다고 말한다면, ―나는 다른 사람들에 대해서도 역시 **그렇게** 말해야 하지 않는가? 그리고 나는 도대체 어떻게 해서 그 하나의 경우를 그처럼 무책임한 방식으로 일반화할 수 있는가?
>
> 자, 모든 사람이 자기 자신에 관해 나에게 말한다. 자기는 오직 자기 자신으로부터만 고통이 무엇인가를 안다고! ― 모든 사람이 각자 상자 하나씩을 가지고

있고, 그 속에는 우리가 "딱정벌레"라고 부르는 것이
들어 있다고 가정해 보자. 아무도 다른 사람의 상자 속을
들여다볼 수 없다; 그리고 모든 사람이 자기는 오직
자신의 딱정벌레를 봄으로써만 딱정벌레가 무엇인지를
안다고 말한다. — 여기서 모든 사람은 자신의 상자
속에 다른 사물을 가지고 있을 수 있을 것이다. 그뿐
아니라, 우리들은 그러한 사물이 계속해서 변한다고
상상할 수 있을 것이다.—그러나 그럼에도 불구하고
만일 이 사람들의 "딱정벌레"라는 낱말이 어떤 쓰임을
지닌다면?—그렇다면 그것은 사물의 명칭으로서의
쓰임은 아닐 것이다. 상자 속의 사물은 그 언어놀이에
전혀 속하지 않는다; **어떤 무엇**으로서조차도 속하지
않는다; 왜냐하면 그 상자는 비어 있을 수도 있기
때문이다.— 아니, 상자 속의 이 사물에 의해 '약분될' 수
있다; 그것이 무엇이든 간에, 그것은 상쇄되어 없어져
버린다.
즉; 감각 표현의 문법이 '대상과 명칭'의 틀에 따라
구성된다면, 그 대상은 무관한 것으로서 우리의
고찰로부터 떨어져 나간다.*

————— * 루트비히 비트겐슈타인 지음, 이영철 옮김,『철학적 탐구』책세상 2019,
190~191면.

이 글이 '마음이라는 것은 존재하지 않는다'고 주장하는
것이 아니라는 점을 주의해야 합니다. 마음이 없다고 말하는
것이 아니라 우리가 일상 속에서 소박하게 그 존재를 믿는
'숨겨진 내면의 마음'은, 사실 우리가 '마음'이라는 말을
오용하는 것이라는 지적입니다.

우리는 '마음'이라는 말을 잘못 사용하고 있다.

비트겐슈타인은 그렇게 진단한 것이죠.

진위를 확정할 수 있는 문장과 할 수 없는 문장

우리는 어떤 말이 어떤 실체와 연결되어 있다고 믿습니다.

그것이 바로 언어의 본질적 기능이라고 생각하죠.

언어를 사용하는 전형적인 장면을 떠올려볼까요.

이를테면 "냉장고 속에 푸딩 있어."라는 말.

이 말에는 어떤 기능이 있을까요?

현실을 묘사하는 기능, 그것을 전달하는 기능이 있죠.

그리고 그 말이 발화된 상황에는 참인지 거짓인지 진위를
가리는 관점이 있습니다. "냉장고 속에 푸딩 있어."라는 말을
들은 사람은 그 명제의 진위를 어떻게 확인해야 할까요.

실제로 냉장고를 열고 푸딩이 있는지 살펴보면 그만입니다.

"냉장고 속에 푸딩 있어."라는 문장을 이해한다는 것은 바로
그렇게 명제의 진위를 확인할 줄 안다는 것입니다.
만약 상대방이 "냉장고 속에 푸딩 있어."라는 문장을
내가 제대로 이해하는지 의심하면 "무슨 소리야? 당연히
이해하지."라고 외려 의아해할 것입니다. 그런데도 상대방이
물러나지 않고 "진짜로 이해해?"라고 따지고 들면, 그때는
냉장고 앞에 가서 "여기 있잖아."라고 푸딩을 확인하는 것이
가장 확실한 방법이겠죠. 문장의 의미를 이해하는 것이란,
바로 그 문장의 진위를 가려낼 방법을 아는 것입니다.
그렇다면 "그는 지금 이가 아프다."라는 문장의 경우에는
어떨까요?
이 문장의 진위를 판단하려면 대체 무엇을 확인해야
할까요? 우리가 확인할 수 있는 것은 그의 외면적인
모습뿐입니다. 아픔 자체는 그 자신만이 느낄 수 있고,
우리는 '간접적인 증거'밖에 손에 넣을 수 없죠. 사실 아무런
객관적 증거가 없다고 해도, 그가 아픔을 느낀다고 가정할
수는 있습니다. 외부에서 이런저런 의학적 관찰을 했음에도
통증의 증거를 발견하지 못했을 때, 곧장 "아니, 당신은
아프지 않아."라고 단정하며 그를 방치하지는 않을 거라
생각합니다. 즉, 그런 상황에서도 무언가 대처(돌봄)를
하리라는 말이죠. 물론 '꾀병'일 가능성도 존재합니다.

하지만 꾀병인 경우에도, 가령 '학교에 가기 싫어서 그랬겠지.'라고 판단할 수 있는 것은 결코 통증의 유무를 확인했기 때문이 아닙니다. 그런 것이 아니라 아프다고 말하는 주체를 둘러싼 여러 상황과 과거의 언동, 됨됨이에 기초해서 종합적으로 (마치 별자리를 그리듯!) 생각한 결과 아픔은 없다고 판단하는 것이죠. 혹은 그 뒤에 일어나는 일들과의 관련을 고려하여 '꾀병이었던 거구나.'라고 **소급적으로 진위가 구성**됩니다.

이렇게 생각해보면 '통증'이라는 말은 지금 이 순간에 있는 그의 통증 자체를 가리키는 것이 아니라는 결론이 내려집니다. "그는 지금 이가 아프다."는 무시간적인 의미에서 **진위를 확정할 수 없는 문장**이라고 말할 수밖에 없는 것이죠. 왜냐하면 포커나 화투와 달리 아픔은 직접 보는 것이 원리적으로 불가능하기 때문입니다. 비트겐슈타인의 사고실험에 등장한 '상자 속 딱정벌레'인 것이죠.

'아프다'는 말은 그 사람의 통증 자체를 가리키지 않습니다. 말이란 그 말과 1대1로 연결되는 실체를 가리키는 것이 아닙니다.

이 명제는 내적인 마음에 관한 언어표현 일반에 적용됩니다. 이와 관련해 비트겐슈타인이 '기대하다(=기다리다)'라는 말에 대해 논한 글을 살펴보겠습니다.

A가 4시부터 4시 30분까지 B가 자기 방에 오기를 기대한다면 무엇이 일어나는가? "어떤 것을 4시부터 4시 30분까지 기대하다"라는 문구가 사용되는 한 가지 뜻에서, 그것은 확실히 그 간격 내내 진행되는 마음의 한 과정이나 상태를 지시하지 않고, 마음의 매우 많은 상이한 활동들과 상태들을 지시한다. 예를 들어 B가 차 마시러 오기를 내가 기대한다면, 다음과 같은 일이 일어날 **수도** 있다. 즉 4시에 나는 나의 달력을 바라보고, 오늘 날짜에 이름 "B"가 적혀 있음을 본다; 나는 두 사람을 위한 차를 준비한다; 나는 잠시 동안 "B가 담배를 피우는가"를 생각하고 담배를 내놓는다; 4시 30분 무렵, 나는 조바심이 나기 시작함을 느낀다; 나는 B가 내 방에 들어올 때 어떤 모습으로 들어올지를 상상한다. 이 모든 것이 "4시부터 4시 30분까지 B를 기대함"이라고 불린다. 그리고 이 과정에는 우리 모두가 같은 표현에 의해 기술하는 끝없는 변이變異들이 있다. 어떤 사람이 차 마시러 오기를 기대함의 상이한 과정들은 공통적으로 무엇을 가지고 있는가 하고 혹자가 묻는다면, 그 대답은, 비록 많은 공통적 특징들이 겹치기는 하지만, 그것들 모두에는 공통적인 어떤 단일한 특징도 없다는 것이다. 기대의 이러한 경우들은 하나의 가족을 형성한다; 그것들은

명료하게 한정되어 있지 않은 가족 유사성을 지닌다.*

비트겐슈타인은 어느 인물이 내 방에 방문하길
기대하며 기다리는 상황을 예로 듭니다. 그리고
'기다리다(기대하다)'는 어느 단일한 심적 상태에 붙은 상표
같은 말이 아니며, 달력을 보고, 차를 준비하고, 담배를
꺼내고, 안절부절못하는 등 여러 (혹은 무수히 많은) 과정이
그 말에 담길 수 있음을 지적하죠. 마치 **연극의 연기** 같다는
생각이 들지 않나요? 지문에 '기다리다'라고 쓰인 장면을
연기해보라고 하면, 연기자는 앞선 인용문에 언급된 것 같은
행동들을 하지 않을까요? 비트겐슈타인은 그것을 '가족
유사성'이라고 불렀습니다.
말은 사건과 행위를 압축합니다.
수첩을 보고, 차를 준비하고, 담배를 꺼내고,
안절부절못하는 등 온갖 일들이 전부 '기다리다'라는
한 단어로 압축되고 마는 것이죠. 이를 뒤집으면
'기다리다'라는 말은 다종다양한 연극의 '제목'이라고도 할
수 있습니다.

<hr>

* 루트비히 비트겐슈타인 지음, 이영철 옮김, 『청색 책·갈색 책』 책세상
2006, 44~45면.

글도 말과 마찬가지입니다.

"그렇게 말한 후 그는 그 전날처럼 그녀를 떠났다."—나는
이 문장을 이해하는가? 나는 이 문장을, 내가 그것을
어떤 보고의 과정에서 들을 경우에 이해할 것과 똑같이
이해하는가? 그 문장이 고립되어 있다면, 나는 그것이
무엇을 다루고 있는지 모르겠다고 말할 것이다. 그러나
그럼에도 불구하고 나는 우리들이 이 문장을 가령 어떻게
사용할 수 있을지는 알 것이다; 나는 그 문장을 위한 어떤
맥락을 스스로 고안해 낼 수 있을 것이다.
(다수의 잘 알려진 길들이 이러한 말로부터 온갖
방향으로 이어진다.)*

"그렇게 말한 후 그는 그 전날처럼 그녀를 떠났다."라는
문장은 수많은 상황에서 쓰일 수 있는 한 수라는 것이죠.
이 말은 온갖 언어놀이, 수많은 극 중에서 사용할 수 있는
대사입니다. 이 대사는 특정한 극의, 특정한 장면에서만

———— *『철학적 탐구』 267면.

사용할 수 있는(특정 장면에서만 유의미한) 것이 아닙니다. 그렇기 때문에 무대 위에서 앞뒤 장면이 전혀 없이 연기자가 느닷없이 "그렇게 말한 후 그는 그 전날처럼 그녀를 떠났다."라고 말하면, 그것만으로는 무엇을 의미하는지 관객인 우리는 (혹은 그 연기자의 상대역을 맡은 배우는) 알 수 없습니다.

여기서 중요한 점은 이 문장이 통상적인 문법을 기준으로는 잘 정돈되어 있다는 것입니다. 문법적으로는 아무런 문제가 없고, 불분명한 점이 없는데도 불구하고, 이 문장의 의미를 이해할 수 없는 이유는 이 문장이 어떤 식으로 사용된 것인지, 이 문장이 말해지면 다음에 어떤 수가 촉발되는지 모르기 때문입니다. 비트겐슈타인은 이와 같은 말과 문장의 사용 방식을 '문법'이라고 불렀습니다. 다시 말해, 앞뒤 맥락을 생략한 채로는 이 문장의 의미가 무엇인지 밝힐 수 없는 것입니다. 짧은 문장이라 해도 그 속에 무수한 맥락이 압축되기 때문이죠.

체스 말을 체스판에 '마구잡이로 놓기'만 한다고 체스를 둘 수 있는 것은 아닙니다. 그렇다면 체스 규칙, 혹은 장기 규칙을 익히는, 파악하는 것은 어떻게 이루어질까요? 가령 체스를 처음 관전하는 장면, 아니면 처음으로 (일단은) 직접 해보는 장면을 상상해보면 어떨까요.

그 장면은 인생에서 처음으로 '사랑'을 속삭이는 순간과도
비슷합니다. 혹은 '아름답다.'라는 말과도. 혹은 인생에서
처음으로 누군가를 좋아하게 됐을 때의 '좋아해.'라는
말과도.

이 말의 의미는 모르지만, 사용법을 모르지만, 이
상황에서는 이 말을 하는 것(=다음 한 수로 두는 것)이
어울리지 않을까.

벌벌 떨면서 입에 담는 말.

상대방의 반응을 살피면서, 상대방이 제대로 '다음
한 수'를 돌려줄지 아니면 무시할지 불안해하면서,
주저주저하면서도 일단 '사랑'이라든지 '아름답다'고
말해보는 것입니다. "…그럴지도 모르겠네요."라는 말이
돌아온다면, 그래도 적절한 한 수를 두었다고 할 수 있겠죠.
비트겐슈타인은 이처럼 어떤 말을 '한 수로 두는 것'의
규칙을 '문법'이라고 불렀습니다.

> "알다"란 낱말의 문법은 "할 수 있다", "할 능력이 있다"란
> 말들의 문법과 명백히 밀접한 근친 관계에 있다. 그러나
> "이해하다"란 낱말의 문법과도 역시 밀접한 근친 관계에
> 있다. (하나의 기술을 '숙달하다'.)*

가령 "자동차를 어떻게 운전하는지 알아."라고 말한 사람이
뒤이어 "아니, 운전하는 법은 아는데 운전은 못 해."라고
하면, 우리는 모순되었다고 생각할 것입니다. 아니면 "그건
아는 게 아냐."라고 오류를 지적하겠죠.

"나는 그 사람을 알아."라는 말도 마찬가지입니다. 그 사람은
애연가이니 슬그머니 '재떨이를 둔다'든지, 그 사람은
섬세하니 무언가 중대한 이야기를 할 때는 '타이밍과 말을
고심한다'든지, 그 사람은 거짓말을 매우 잘 간파하니
신뢰를 받으려면 '에두르지 않고 바로 말해야 한다'든지 등
다양한 상황에서 그 사람에 맞춘 대처를 할 줄 아는 것이
"나는 그 사람을 알아."라는 말에 압축됩니다.

우리는 왜 마음을 잘못 읽을까

한 마디로 정리하면 '모든 지식은 노하우knowing-how'라는
말입니다. 무수한 노하우(무수한 다음 한 수)가 압축된 것을
지식이라 부르고, 그 사람에게 지식이 있는지 없는지는
실천을 통해 점차 인정되는 구조인 것이죠.

───── *『철학적 탐구』121면.

155

언어가 하는 무수한 일과 행위의 압축.

그것 때문에 우리는 언제나 중요한 장면에서 '상대의

마음'을 잘못 읽습니다. 그 장면이 포함된 전체적인 '연극'을

착각합니다. 언어놀이를 오인합니다.

이건 우연이 아닙니다.

어째서 우리는 하필 가장 중요한 장면에서 상대의 마음을

잘못 읽을까요?

비트겐슈타인은 다음처럼 말했습니다.

> 혹시라도 표정과 몸짓과 상황이 전부 일의적이라면,
>
> 그때는 내면이 외면인 것처럼 느껴질 것이다. 우리가
>
> **외면을 읽을 수 없을 때 비로소 내면이 외면 뒤에 숨겨져 있는**
>
> **듯이 느껴진다.**[*]

양가감정, 갈등, 모순. 일의적이지 않다는 말은 바로 이런

것들을 가리키겠죠.

비트겐슈타인의 주장은 얼핏 지극히 자연스러워 보이지만,

———— [*] ルートウィヒ·ウィトゲンシュタイン(著), 古田 徹也(譯), 『ラスト·ライティングス』講談社 2016, p.363, 강조는 인용자가 했다. (원서: Ludwig Wittgenstein, Heikki Nyman(Ed.), G. H. von Wright(Ed.), *Last Writings on the Phiosophy of Psychology Vol. 1 & 2*, Wiley-Blackwell 1991(Vol.1) & 1994(Vol.2))

실은 매우 중요한 인식상의 전복을 포함하고 있습니다. 우리는 보통 내면이 숨겨져 있기 **때문에** 마음을 읽을 수 없다고 생각합니다. 하지만 비트겐슈타인은 그렇지 않다고 말합니다. 비트겐슈타인은 내면이 숨겨져 있기 때문에 알 수 없는 것이 아니라 외면, 즉 언행의 의미를 알 수 없을 때 우리가 마음이 숨겨졌다고 느낀다고 한 것입니다. 상대의 마음이 내가 손댈 수 없는 내면에 숨겨져 있어서 알 수 없는 것이 아닙니다. 언행, 표정, 휴대전화로 보내온 메시지, 그때 그 한 마디 등이 이루어지는 **극 전체를 보지 못하기** 때문에 지금 상대와 하는 극(언어놀이)이 무엇인지 모르는 것입니다. 그러니 '마음을 알 수 없다'는 말은 그 극 중에서 무엇이 올바른 응답인지 알지 못한다는 의미였던 것이죠. 지금 논한 내용은 1장의 마지막 부분에서 마음은 별자리라고 한 것을 다르게 표현한 것이기도 합니다.

외적인 언행의 의미를 읽어내기 어려운 상황, 즉 내가 내야 하는 '다음 한 수'를 알 수 없을 때, 읽을 수 없는 타인의 일탈적 언행이야말로 그 사람을 알기 위해 가장 중요한 단서입니다. 일탈이 그 사람의 마음을 보여준다는 말입니다. 눈앞에 있는 타인의 언어놀이가 보이지 않을 때, 다시 말해 그 사람의 일거수일투족이 이뤄지는 극을 알 수 없게 되는 그 순간, '마음'이 모습을 드러냅니다. 그 증거로 극이,

언어놀이가 내 예측과 가정대로 진행되는 동안에는 '이
사람은 대체 무슨 생각을 하는 거지?'라든지 '무얼 생각하고,
무얼 느끼는 걸까?' 같은 내면의 의문이 발생할 여지가
없습니다. 전혀 다른 극이 시작된 것 같을 때, 비로소 '이건
무슨 뜻이지?' '무슨 말이지?' 하는 물음이 싹트죠.
지금까지 진행된 극에서 벗어나 전혀 예상하지 못한 다른
극이 시작되었다는 느낌이 들 때, 우리는 '마음'이라는
말을 사용합니다. '마음'이라는 말의 문법(언어놀이에서의
사용법, 사용 규칙)은 이미 잘 알고 있는 극에서 미지의
극으로 전환되는 순간에야말로 드러나는 것입니다.
그리고 그런 극 전체의 전환은 그 주체의 갈등과 모순에서
비롯됩니다. 극 전체가 보이지 않게 되는 순간에는 반드시
갈등과 모순이 있습니다. 극 전체, 즉 별자리가 무너지는
순간이기도 하죠.
"그렇게 말한 후 그는 그 전날처럼 그녀를 떠났다."라는
대사가 단독으로는 의미를 갖지 못하듯이, 별자리는 별들의
관련성, 전체성이 있을 때 비로소 존재할 수 있습니다.
극이 보이지 않고 별자리를 알 수 없게 된다는 것은 무슨
뜻일까요? 그 주체를 둘러싼 많은 일들과 기억이 관련성을
맺는데, 그 관련성이 내가 전에 알던 것과 완전히 달라지고
말았다는 것을 의미합니다.

우리의 소통에 있는 불확실성은 특정한 언어놀이 내부,
즉 극 내부에 존재하는 것이 아닙니다. 불확실성은 다른
언어놀이, 다른 극과의 **사이에** 있습니다. 전체를 볼 수
없다는 불확실성은 놀이 내부가 아니라 놀이와 놀이 사이에
있는 것입니다.

그것을 방증하는 사례를 하나 소개하겠습니다.

마음을 아는 것, 별자리를 찾아내는 것

중학교 1학년 여자아이가 어머니와 함께 심리상담사를
방문했습니다. 머리카락을 뽑는 아이의 버릇이 나아지지
않아 고민이라는 어머니. 최근 들어 더욱 심해졌다고
합니다. 상담사는 '발모벽은 나쁜 것이니 그만두게
해야겠다.'라고 생각하지 않고 '이 아이에게 무언가 중요한
의미가 있는 행위일지 모른다.'라고 생각하며 아이와
마주했습니다. 상담하며 알게 된 사실. 발모벽은 일탈적
행위가 아니라 아이 나름의 SOS, 구조 신호였습니다. 아이는
엄마한테 응석을 부리고 싶었습니다. 하지만 어린 여동생이
있었고, 야무진 언니가 되어야 했죠. 엄마한테 걱정을
끼치기도 싫었습니다. 아이의 '발모벽'은 바로 그처럼

모순되는 마음 그 자체였던 것입니다.

우등생에 모범생인 언니. 머리카락 뽑기는 그런 아이가
아마도 처음으로 한 부모가 기뻐하지 않을 행동, 부모를
걱정시키는 행동이었을 것이다. 머리카락을 뽑을
때의 통증은 엄마를 기쁘게 하지 못하는 '나쁜 아이'인
자신에게 내리는 벌이었을지도 모른다.[*]

그 뒤 어느 날, 여자아이가 "엄마랑 같이 자고 싶다."라고
했습니다. 어머니와 딱 붙어 자는 날이 이어졌고, 두 달 정도
지나서 상담사는 어머니의 연락을 받았습니다. "이제 다
나아서 상담은 오늘까지만 하겠습니다."

얼핏 발모벽이라는 증상은 수수께끼처럼 보입니다.
어머니는 왜 저런 짓을 하는 건지 이해할 수 없어 상담사를
찾아갔겠죠. 어머니에게는 딸의 나쁜 행위를 고치고
싶다는 돌봄적 동기가 있었습니다. 하지만 정말로 딸을
치유하고 구하기 위해서는 딸에 대해 이해한다는 계기가
필요했죠. 발모벽이라는 증상을 그 현상만 단독으로

———— [*] 田中 茂樹, 『去られるためにそこにいる』日本評論社 2020, p.22.

떼어놓고 보면, 확실히 어른의 언어놀이에서 일탈한 문제 행위로 보입니다. 아이에게 무엇을 해주면 좋을지 알 수 없죠. 하지만 발모벽이라는 행위를 여자아이의 생활 전반, 생활사, 기억 같은 큰 틀에 두고 보면 그 행위의 양상은 전혀 달라집니다. 현재 아이가 하고 있는 **극 전체를 알려고 하는 것**이 중요하다는 말입니다.

걱정 끼치기 싫지만, 걱정해주면 좋겠다.

응석 부리면 안 되지만, 응석 부리고 싶다.

그런 모순으로부터 태어난 것이 머리카락을 뽑는 행위였습니다. 그 행위 자체가 아이의 마음이었습니다. 타인의 생활 전체에 주목하면, 자연히 그 행위가 무엇을 나타내는지 보입니다. 어머니가 딸을 구하기 위해서는 아이의 생활 전체, 언어놀이 전체를 상상해야 했던 것이죠.

> 나도 응석 부리고 싶지만, 동생을 돌보고 집안일도 하느라 바쁜 엄마를 도우려면 착한 아이가 될 수밖에 없겠지. 이제는 키도 엄마와 엇비슷해져서 안아달라고 할 수도 없고. 동생은 엄마랑 같이 자는데 나는 혼자 자야 하니, 쓸쓸해. 힘들다고 괴롭다고 하면 엄마는 걱정하시겠지.*

아이의 모순된 마음은 발모벽이라는 증상에
압축되었습니다.

그 압축을 풀어보니 발모벽의 '의미'는 생각보다 훨씬 넓은
범위에 걸쳐 있었죠.

그 때문에 마음을 아는 것, 마음을 이해하는 것은 별자리를
발견하는 것과도 비슷합니다.

타인이라는 별을 중심으로 그려지는 별자리 전체를 보는 것.
그것이 중요함에도 우리는 타인을 외따로 존재하는
별이라고 믿습니다.

그러는 것은 앞서 언급한 '기다리다'라는 말, "그렇게 말한
후 그는 그 전날처럼 그녀를 떠났다."라는 문장을 앞뒤
맥락과 그 속에 압축된 수많은 것들을 제거한 채 단독으로
'저게 무슨 뜻이지?'라고 고민하는 것과 같습니다.

마음에는 확고한 윤곽이 없습니다. 마음은 별들을 한데
모은 별자리처럼, 혹은 넓은 하늘에 퍼져 있는 구름처럼,
윤곽이 흐릿합니다. 그리고 그 흐릿한 윤곽은 시간이 흐르며
변해가죠.

그렇기 때문에 '마음을 알기' 위해서는 타인의 한 마디,
한 문장만 떼어놓고 봐서는 안 됩니다. 우리에게는 한

——— ★ 같은 책, p.22.

마디와 한 문장이 아니라 그것들이 엮어내는 '이야기'가
필요합니다. '타인이 소중히 아끼는 것을 안다.'라는 것은
이야기를 찾아내고 함께 극을 만들어내는 것입니다. 스스로
머리카락을 뽑는 여자아이의 사례가 그렇다고 알려줍니다.

이번 장을 마무리하면서 한 번 더 고찰하고 싶은 것이
있습니다. 앞서 2장에서 소개한 가와이 하야오의
일화입니다.
"만약 인간에게 '영혼'이라는 게 있다면, 그것만 보고
계셨어요."라는 말의 의미는 무엇일까. 즉, 영혼을 본다는
것은 무엇인지 제 의견을 적고 싶습니다.
우리는 평소 누군가와 마주할 때 그 사람의 특성, 직함,
표정, 분위기 같은 정보로부터 '이 사람이 자리하고 있는
극은 이런 것이 아닐까?'라는 전제를 순간적으로 세우지
않나요? 그 사람이 펼쳐온 언어놀이, 지금 펼치려 하는 극을
예측해서 대처하려고 대비하는 것입니다. 왜냐하면 우리는
예측할 수 없는 불확실한 소통을 두려워하니까요.
그렇지만 다른 길도 있을 것입니다.
특정한 극을 전제하지 않고, 그 사람과 마주하는 것.
그것은 곧, 어떤 언어놀이든 어떤 극이든 그것에 놀라지
않는 것입니다.

무엇을 말해도, 어떤 행동을 해도, 놀라지 않고 불안해하지 않는 것. 적어도 놀라움과 불안을 겉으로 드러내지 않는 것. '영혼을 본다'라고 표현된 가와이 하야오의 기술은, 나는 당신의 '마음'이 들려줄 것을 그저 기다리고 있다는 응답이 아니었을까. 저는 그렇게 생각합니다.

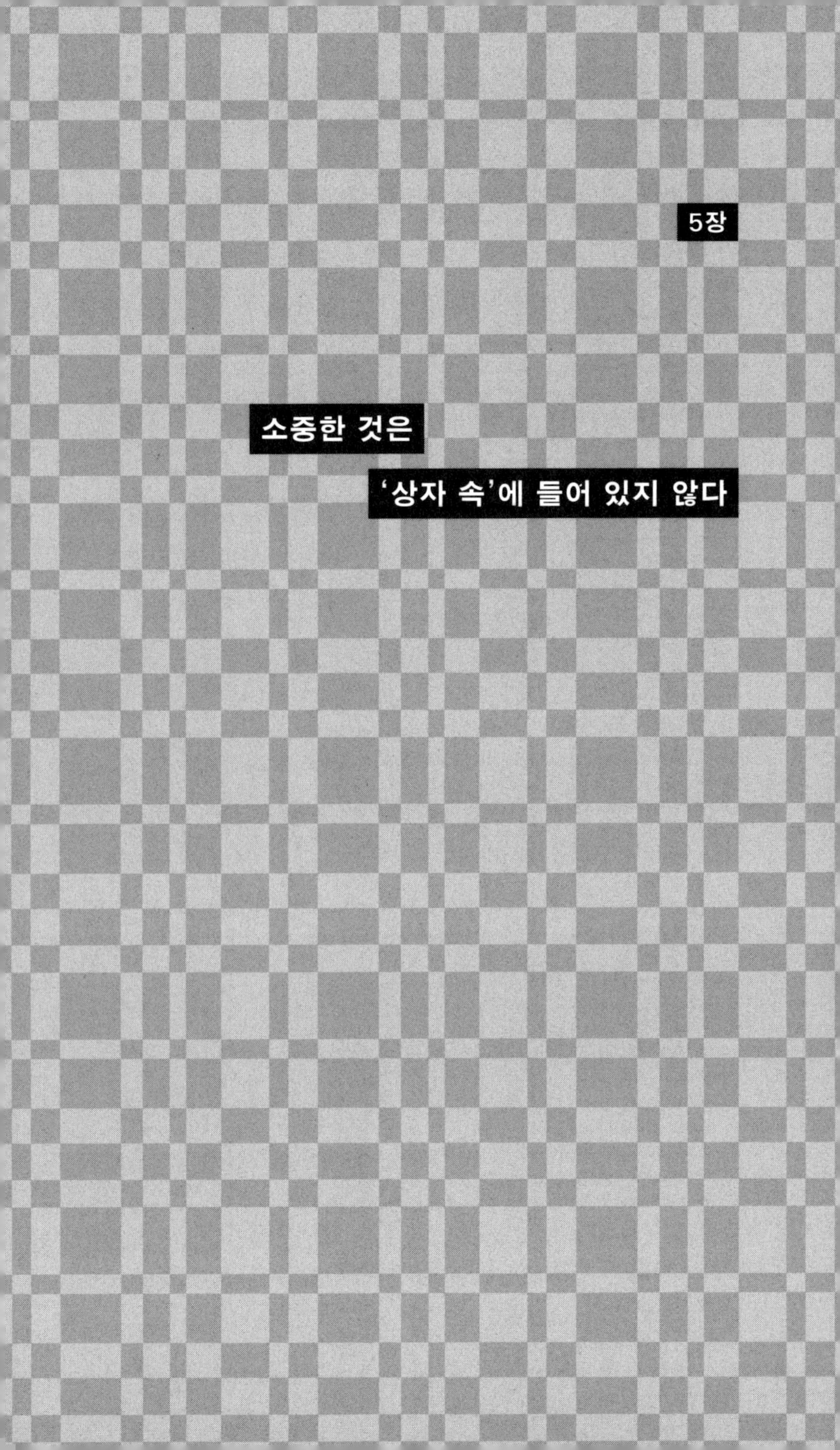

소중한 것은
'상자 속'에 들어 있지 않다

교차하는 두 언어놀이

저는 앞서 "모든 지식은 노하우"라고 했습니다. 그와 동시에
우리의 소통 전체를 비트겐슈타인을 따라 '언어놀이'로
새롭게 파악하고, 언어놀이와 체스의 유사성도 살펴봤죠.
하지만 일상의 언어놀이는 체스와 완전히 같지 않고 유사할
뿐이며, 언어는 체스와 달라서 놀이 전체, 규칙 전체를
한눈에 볼 수 없다는 점(언어의 압축성=말의 구조상 가족
유사성)도 확인했습니다.

이 점에 대해 다시금 생각해보고 싶습니다.

왜냐하면 언어놀이라는 비유에 모종의 난점이 숨어 있기
때문입니다. 바로 언어놀이에서는 어떤 순간에든 '오해'와
'착각'이 벌어질 수 있다는 점입니다. 즉, 언제든 서로 다른

두 언어놀이, 두 극이 교차할 수 있다는 말이죠.

좀더 자세히 살펴볼까요.

얼마 전, 한 뉴스를 봤습니다.

함께 사는 고령의 어머니를 집에 저체온 상태로 방치한
끝에 동사에 이르게 해서 보호 책임자의 유기죄 혐의로
체포된 62세 남성. 그 남성에게는 따로 사는 형이 있는데,
생활난과 어머니의 돌봄에 대해 형과 상의한 일화를 남성은
다음처럼 이야기했습니다.

> 본가에 온 형과 현관 앞에서 논의한 적이 있다. 형은
> "일어날 수 없게 되면 차로 병원이든 어디든 모시고 갈게.
> 언제든 말해."라고 했다. 하지만 집 앞의 보도는 어른
> 한 사람이 겨우 다닐 수 있어 자동차로 올 수는 없고, 집
> 안은 좁은 데다 계단도 많다. 자동차에 태우는 것조차
> 어렵다는 걸 형도 잘 알 텐데. 형의 그 말은 오히려 우리를
> 뿌리치는 것 같았다.[*]

──────── [*] 「"엄마, 미안해. 차가웠지. 추웠지." 4월 어느 날 아침, 90세 어머니를 자
택에서 동사시킨 62세 동거인 아들이 법정에서 이야기한 원한」 47NEWS,
2023. 4. 26. (https://www.47news.jp/9248767.html)

"일어날 수 없게 되면 차로 병원이든 어디든 모시고 갈게.
언제든 말해."

진의는 알 수 없지만, 형은 '도움'으로 한 말이겠죠. 하지만
그 '도움'이 동생에게는 '마지막 한 수'로 여겨졌습니다.
앞서 3장에서 논했던 버프(다정함)가 디버프로 변해버린
장면입니다. 버프가 디버프로 역전되는 것은 두 사람이 서로
다른 언어놀이를 하기 때문이라고 했죠.

좀더 일상적인 사례를 들면 다음과 같은 말이 있겠습니다.

"별일 아니야."

여러분은 이 발화가 어떤 맥락, 즉 어떤 언어놀이에서
나오는 말이라고 생각하실까요.

직장 선후배의 대화. "지난번 자료를 제대로 준비하지
못해서 죄송합니다."라고 말하는 후배에게 "별일 아니야.
다음 기회가 있으니까."라고 답하는 선배.

아니면 어머니의 "요즘 허리가 아파."라는 휴대전화
메시지에 평소 걱정 많은 어머니를 귀찮아하는 자식이 성의
없이 보내는 "별일 아니야."라는 답장.

혹은 "요즘 허리가 아파."라는 메시지를 보낸 걱정 많은
어머니를 위로하려고 "틀림없이 별일 아니야."라고
'틀림없이'를 덧붙이는 자식도 있겠죠. 그 한 단어만 붙여도
언어놀이의 분위기가 변합니다. 이를 뒤집어 생각해보면 몇

글자 안 되는 부사 '틀림없이'를 잊어버린 것만으로도, 미처
말하지 않은 것만으로도 상대방이 내 메시지를 '나는 당신의
걱정 많은 성격이 지긋지긋하다.'라는 의미로 받아들여
언어놀이가 변질될 가능성이 있는 것입니다.

언어놀이에는 언제나 '어떤 발화(어떤 한 수) → 응답(다음
한 수) → 재응답(그다음 한 수)…'이라는 안정성이 깨지고
다른 언어놀이로 갈라질 가능성이 있습니다.

저는 앞선 사례로부터 언어놀이의 '윤곽'이라고 부를 만한
것에 대해 생각해보고 싶습니다. 언어놀이의 안과 밖. 같은
언어놀이일까, 아니면 다른 언어놀이일까, 하는 언어놀이의
'경계선'에 대해서 말이죠. 3장을 마무리하며 제시했던
언어놀이에서 이뤄지는 버프와 디버프 개념의 구별은 그
경계선에 대한 단서입니다.

이번 장에서는 또 다른 관점에 서서 언어놀이의 윤곽을
특정 지으리라 여겨지는 논점을 살펴보겠습니다. 바로
놀이에 존재하는 '벌칙'이라는 개념입니다.

언어놀이가 놀이라는 비유를 활용하는 이상 그 속에는 벌칙
개념도 포함될 것입니다. 그리고 벌칙이야말로 그 놀이만의
특징을 만들어냅니다.

그렇기 때문에 '언어놀이=연극'이라는 등식이 완전히
성립된다고는 할 수 없습니다. 비트겐슈타인 본인도

'언어놀이'는 명확한 개념이 아니라 우리의 언어활동 전반에 대한 전망을 주는 일종의 '비유'라고 했죠. 확실히 연극이라는 비유는 '숨겨진 마음'이라는 잘못된 이미지와 '마음'이라는 말의 오용을 밝히는 데 유용하지만, 우리의 의사소통과 언어적인 상호 관계가 '연극'이라는 형식에 온전히 담길 수는 없습니다. 그렇기 때문에 지금부터는 '놀이'라는 비유를 다시 검토해보려 합니다.

놀이에 존재하는 가장 큰 벌칙

자, 그렇다면 언어놀이에서 가장 무거운 벌칙은 대체 무엇일까요? 그 벌칙은 놀이라고 불리는 거의 모든 것에 해당되어야 합니다. 그렇지 않으면 언어놀이의 안과 밖을 규정하는 경계선이라 할 수 없으니까요.

놀이에 존재하는 가장 무거운 벌칙은 **'놀이의 정지'** 혹은 **'놀이에서의 퇴장'**입니다. 운동 경기를 떠올려보면 이해할 수 있을 것입니다. 비교적 가벼운 것은 주의 혹은 경고죠. 옐로카드 한 장.

여기서 벌칙의 핵심은 벌칙을 제시하는 행위 자체가 한 단계 위의 언어놀이라는 것입니다. 좀더 자세히 살펴보죠.

예를 들어 심판이 선수에게 주의, 경고, 옐로카드를 줄
때 **시계가 멈추는 것**을 떠올려봅시다. 축구와 야구라면 그
순간 공은 죽어 있는 상태(볼 데드ball dead)입니다. 경기가
중단되는 것이죠. 그래서 그동안 축구 선수들은 수분
보충을 합니다. 수분 보충은 축구라는 놀이 안에 포함되지
않은 행위입니다. 반칙이 일어나면 축구와 야구 같은 구기
종목에서는 '인 플레이in play' 상태가 정지되고, 그때까지
원활하게 진행되던 놀이가 멈춥니다. 그러니 벌칙이
선고되는 장면은 그 언어놀이에 속하지 않는다고 할 수
있습니다.

옐로카드가 쌓이거나 레드카드가 나오면, 퇴장이
선고됩니다. 더 나아가 가장 심한 벌칙으로 무효 시합, 출장
자격 정지, 자격 박탈 같은 경기 참가에 관한 장기적 혹은
영구적 금지가 내려지기도 하죠.

운동 경기에서 이뤄지는 벌칙의 메커니즘은 '공동체'라고
불리는 대부분의 구조체 내부에서도 보일 것입니다.

예를 들어 고등학교와 대학교에는 퇴학 처분이 있고, 기업
같은 조직에는 가장 무거운 징계로 해고가 있죠. 그 모든
것은 공동체 내부에서의 추방을 의미합니다. 요즘에는
그에 더해 '밴ban하다'라는 표현도 있습니다. 온라인
서비스에서 악질적인 계정에 내리는 가장 큰 제재는 아예

활동을 못 하도록 계정을 정지시키는 것, 밴ban, 금지입니다.
가장 작은 공동체, 즉 '당신과 나' 사이에도 같은 구조가
있습니다. 친구, 연인, 나아가 부모 자식 관계에서도 가장
근본적인 변화는 **'연을 끊는 것'**이죠. 그것은 '지금까지 당신과
계속했던 언어놀이를 이제는 끝내겠습니다.'라는 선언이나
다름없습니다.

'밴'도 '절연'도, 말 그대로 '최후의 한 수'입니다. 여기서
중요한 점은 그 추방이 '공간적'이지 않으며, **언어놀이에서의
추방**이라는 것입니다.

(사회적) 배제란 공간적으로 쫓아내는 것이 아니라
언어놀이에서 소외하는 것입니다. 소외, 즉 같은 언어놀이에
참가시키지 않고, 더 이상 참가자로 보지 않고, 상대의 한
수에 아무런 반응도 보이지 않는 대응(대응하지 않는다는
대응)을 하는 것이죠.

그와 반대로 언어놀이에서 받을 수 있는 가장 큰 보수는
그 놀이를 앞으로도 계속하는 것 그 자체입니다. 예를 들어
고교야구 전국대회, 이른바 '고시엔甲子園'*을 떠올려보죠. 한
번쯤 생각해본 적이 있을 것입니다. 대회에서 우승한다고

———— *일본에서 매년 봄, 여름에 열리는 야구대회로 오랜 세월 동안 국민적인
관심을 받고 있다. 프로야구 팀 한신 타이거즈의 홈구장인 고시엔 구장
에서 개최되기에 경기장의 이름을 빌려 '고시엔 대회'라고도 불린다.

상금을 주는 것도 아니고, 경기마다 돈을 받지도 않는데, 고등학생 선수들은 어떻게 그토록 정열을 불태우며 야구 경기에 몰입할까?

그 선수들이 대체 어떤 혜택을 입고 무엇을 목표하는가 하면, 바로 '이기면 우리 팀과 함께 계속 경기할 수 있다.'라는 것입니다. 또 다른 예로 '하코네 역전箱根駅伝'*도 있죠. 선수들은 물론 우승을 목표하지만, 상위 10위까지 받을 수 있는 '시드seed'도 중요한 목표 중 하나입니다. 시드를 받으면 무엇이 좋을까요? 바로 이듬해 대회의 예선 면제입니다. 시드란 하코네 역전이라는 놀이에 참가할 권리이며, 그 놀이의 참가자로서 인정을 받는 것이죠. 애초에 여러 선수가 교대로 달리는 역전 경주의 규칙 자체가 다음 주자에게 어깨끈을 건넴으로써 놀이(경주)를 계속해도 된다는 승인을 받는 구조입니다.

언어놀이의 참가자는 모두 자신이 하는 놀이가 계속되기를 지향합니다. 참가자라는 존재의 본질이 그렇죠. 참가자라는 개념상 놀이를 이어갈 의지가 없는 사람은 참가자 자격을 잃게 됩니다. 바로 그 때문에 버프와 디버프 개념이

———— * 정식 명칭은 '도쿄 하코네 간 왕복 대학 역전경주(東京箱根間往復大学駅伝競走)'. 매년 1월에 열리는 일본 최대의 대학생 역전경주 대회로 이틀 동안 약 220킬로미터를 10명이 교대로 달린다. 100년 넘게 개최되며 여전히 큰 인기를 얻고 있다.

성립되고, 같은 놀이 안에서 버프는 무조건 버프, 디버프는
반드시 디버프인 것입니다.

그래서 언어놀이는 자기목적적, 그 놀이를 계속하는 것
자체가 목적이라고 할 수 있습니다.

돌봄과 언어놀이

언어놀이의 경계선은 배제와 포용의 구조에 따라 드러난다.
이를 뒤집어 생각해보겠습니다.

규칙을 공인된 문서로 정리할 수 있는 체스와 축구 등은
규칙이 그 놀이의 안과 밖을 분명히 규정합니다. 하지만
문서로 명확히 정리된 규칙이 존재하지 않는 우리의 일상
대화, 부모 자식 사이의 소통, 서로 사랑하는 사람들의 교제
같은 언어놀이에서는 배제와 포용의 관점에 따라 놀이의
규칙이 서서히 만들어집니다. 그리고 **나중에 돌아보면 점차
만들어진 그 규칙이 마치 처음부터 존재했던 것처럼 보이죠.**
즉, 언어놀이에서는 규칙이 먼저 존재하지 않는다는
말입니다. 언어놀이의 규칙은 배제와 포용, 즉 소외와
동조(동기화)에 따라 당신과 나 '사이에' 점차 형성됩니다.
그렇다면 **돌봄이란 언어놀이를 계속하는 것 그 자체라고도**

할 수 있지 않을까요? 왜냐하면 언어놀이의 정지는
관계에서의 배제와 마찬가지이며, 그와 반대로 언어놀이에
불러들이는 것, 초청을 받는 것은 '포용inclusion'이기
때문입니다. 당연하지만 당사자의 의사를 무시하고 권력을
지닌 쪽(부모, 교사, 주주, 물리적·사회적 힘이 강한 자)이
언어놀이를 강제하는 것은 돌봄과 동떨어진 일입니다.
이 '언어놀이의 강제'에 대해서는 7장에서 '질책'이라는
행위의 개념 분석을 통해 좀더 자세히 살펴보겠습니다.
그리고 강요되는 언어놀이에 대한 저항·일탈이야말로 자기
돌봄이라는 주장을 8장에서 펼치려 합니다.
소외와 동조의 원리에 따라 관계가 형성되고, 규칙은
소급적으로 나중에 규칙으로서 구성됩니다. 그 때문에
우리의 일상 소통이라는 언어놀이는 체스처럼 규칙 전체를
한눈에 담을 수 있는 확정적 놀이와는 다른 것입니다. 일상
소통은 '지금 당장은 순조로운', 다르게 표현해 **한 치 앞이 안
보이는'** 놀이입니다. 같은 언어놀이가 이어지는 줄 알았는데
갑자기 상대방이 예상하지 못한 수를 두고, 그 순간
언어놀이는 변질되어버리죠. 이 장 첫머리에 소개한 형제
사이의 소통은 그처럼 서로가 엇갈린 사례였습니다.

언어놀이에는 문법이 있다

지금까지 체스, 포커, 야구, 축구 등을 활용해 설명했습니다. 그것들을 활용한 비유는 충분히 훌륭했지만, 우리의 소통이 구석구석 전부 체스처럼 규칙이 확정적이지 않다는 점에서 비유는 비유일 뿐이라고 했죠.

언어놀이는 나와 당신 사이에서, 지금 이곳에서, 쉬지 않고 만들어집니다.

그렇다고 해서 언어놀이가 완전히 무질서하다는 말은 아니고, 그 놀이에도 엄연히 '문법'이 존재합니다. 그 문법이 있기 때문에 일탈이 '노출'되죠. 그리고 노출된 일탈에 그 사람의 마음이 있습니다. 비트겐슈타인은 다음처럼 지적했습니다.

> 의미는 표현에의 정신적 동반물이 아니다.
>
> (…)
>
> 나는 체스를 두기 원한다; 그런데 어떤 사람이 백白쪽의 왕에게 종이 왕관을 주고, 그 말馬의 사용은 불변인 채로 두면서, 그가 규칙들에 의해 표현할 수는 없지만 그 왕관은 그 놀이에서 자기에게 의미를 가지고 있다고 나에게 이야기한다. 나는 말한다: "그것이 그 말의 사용을

바꾸지 않는 한, 그것은 내가 의미라고 부르는 것을
가지고 있지 않다."*

비트겐슈타인이 하고 싶었던 말은 다음과 같습니다.
언어놀이 내에 무언가 외적 변화, 언동의 변화, 내 응답을
받아들이거나 거부하는 등 기존의 가정을 배신하는
듯한 일이 **뒤이어 일어나지 않으면**, 아무리 그 사람이 자기
마음속에는 어떤 말과 행동에 특별한 의미가 담겨 있다고
주장해도 그것은 의미를 이룰 수 없다. 비트겐슈타인의
지적을 일상적인 사고실험으로 바꿔 써볼 수도 있습니다.
그는 정말로 극심한 통증(혹은 강한 비애)을 느끼고 있지만,
겉으로는 아무것도 드러나지 않는다. 이렇게 전제하는 건
'통증'(혹은 '비애')이라는 말을 올바르게 적용한 것일까?
이 물음의 주어를 비트겐슈타인의 글에 따라
바꿔보겠습니다. 나는 사실 지금 극심한 통증을 느끼고
있는데, 이 통증은 우리의 언어놀이(아픈 사람이 신음을
내거나, 약을 먹거나, 무릎을 안고 웅크리거나, 환부를
손으로 누르거나, 일을 쉬면, 상대방이 배려하거나,
위로하거나, 처치해주거나, 의사의 진료를 권하는 등의

———— *『청색 책·갈색 책』 116면.

반응을 하는 것)에 담을 수 없는 통증, 그런 대처(=응답)와는
아무런 관계가 없는 통증이다.

이렇게 주장하는 사람이 있다고 했을 때, 그의 주장은
'어떠한 극도 연기할 수 없지만, 그럼에도 극은 극이다.'라는
말과 다르지 않습니다.

이 주장을 유의미하다고 간주할 수 있을까요?

이 주장은 말을 유의미하게 사용한 것이 아닙니다. '이건
단순한 통증이 아니다.'라든지 '만약 무언가 있다고 해도,
통증이 아닌 다른 것이다.'라고 말해야 하지 않을까요?

<h2>통증과 비애는 돌봄을 기다리고 있다</h2>

비애에 대해서도 앞선 사고실험과 동일한 구조로 논의해볼
수 있습니다.

나는 사실 지금 절망스러울 만큼 강한 비애를 느끼고 있다.
하지만 무언가 슬픈 일이 있지는 않았고, 식욕도 평소와
같고, 눈물도 나지 않고, 표정이 어둡지도 않고, 밤에 잘
자고, 누군가 곁에 있길(혹은 혼자 놔두길) 바라지도 않고,
위로도 전혀 필요하지 않다. 하지만 그래도 나는 지금
강렬한 비애에 빠져 있다.

이렇게 주장하는 사람을 마주하고 우리는 어떤 언어놀이를
이어가면 좋을까요? 그건 대체 어떤 극일까요?

앞서 제시한 전제가 우리의 언어놀이에 있는 '통증'이라는
말의 **문법을 어긴 것**이듯, 이번에도 '비애'라는 말의 **문법에서
벗어났다고** 할 수 있습니다.

통증도 비애도, '통증'과 '비애'라는 말 그대로 쓰이는 이상
그것들에 숨겨진 구석은 전혀 없습니다.

타인이 느끼는 통증과 비애는 우리의 돌봄을, 처치를
기다리고 있습니다.

그래서 비트겐슈타인은 다음처럼 간파했습니다.

'내적 과정'은 외적 기준들을 필요로 한다.*

타인의 통증은 당사자만 느낄 수 있다고, 당사자만 알 수
있다고 우리는 안이하게 말하고는 합니다. 하지만 '종이
왕관을 쓴 킹'에 대한 비트겐슈타인의 고찰로 알 수 있는
것은 통증이란 결코 타인의 마음이라는 '상자' 속에 갇혀
있어 누구도 손댈 수 없는 것 따위가 아니라는 사실입니다.
확실히 우리의 소통은 체스처럼 일의적이고 명시적인

———— *『철학적 탐구』 284면.

규칙을 따르는 놀이가 아닙니다. 우리의 소통은 놀이의
경계가 불분명한 언어놀이, 한 치 앞을 내다볼 수 없는
언어놀이죠. 하지만 그런 언어놀이가 펼쳐지는 자리는 무얼
해도 되는 무질서한 공간이 아닙니다. 그곳에는 '통증'과
'비애' 같은 기초적인 말의 문법이라는 규범성이 있습니다.
즉, 타인의 마음은 알 수 없고, 그 때문에 사람이 타인에게
공감하며 돌보는 것은 원리적으로 불가능하다는 생각은
틀린 것입니다. 돌봄은 원리적으로는 가능합니다. 말의
문법이 그 가능성을 보증합니다. 우리는 언어를 사용할 수
있기 때문에 타인의 아픔을 돌볼 수 있는 것입니다.

> 어떤 사람이 손에 고통이 있을 때, 그 손은 그
> 사실을(글로 쓰는 것을 제외하고는) 말하지 않는다.
> 그리고 우리들은 그 손을 위로하지 않고, 그 괴로워하는
> 사람을 위로한다; 우리들은 그의 얼굴을 들여다본다.[*]

> 그에 대한 나의 태도는 영혼에 대한 태도이다. 나는 그가
> 영혼을 지니고 있다는 **의견**을 갖고 있지 않다.[**]

----

[*] 같은 책, 188면.
[**] 같은 책, 328면.

통증을 겪는 사람, 비애에 빠진 사람을 우리는 돌봄이라는
언어놀이로 포용할 수 있습니다. 물론 그 통증과 비애에
어떤 돌봄이 필요한가 하는 실천적인 문제는 남아 있죠.
하지만 그렇다고 해서 '타인의 통증과 비애에는 절대로 닿을
수 없다.'라는 말처럼 돌봄이 원리적으로 불가능한 일은
아닙니다.

마음은 예측할 수 없기에 마음이 된다

그렇지만 다음 순간 당신은 내게 예측할 수 없는 불투명한
타인이 됩니다. 그런 불투명성이야말로 타인에게 있는
타자성의 본질이죠.
내가 어떤 언어놀이인지 아직 몰라도, 언어놀이는 이미
시작되고 맙니다. 극은 나를 기다려주지 않고 계속
이어집니다.
그처럼 불투명한 타인이 내게 던진 한 마디에 어떤 말로
답할까? 타인의 언동에 어떻게 응하고 무엇을 할까? 그런
의문에는 항상 다른 언어놀이가 시작될 가능성이 있습니다.
앞서 문법이라는 규칙을 살펴본 결과, 우리는 '원리적으로
손댈 수 없는 타인의 마음'이라는 이미지를 버릴 수

있었습니다. 이제 남은 건 다음과 같은 현실적 문제입니다.

> 내가 처음에는 그가 기뻐한다고 믿었지만 나중에 그렇지
> 않았음을 깨달았을 때, 그것은 어떤 차이를 만들어낼까.
> 우리는 모든 것을 그의 내면에 투사하고 싶어한다.
> 문제는 바로 **그것**이라고 하고 싶은 것이다.
> 왜냐하면 그렇게 함으로써 우리가 말이 놓인 **자리**를
> 기술하는 어려움을 피할 수 있기 때문이다.
> (⋯)
> 우리는 그의 내면에 '**투사**' 같은 건 전혀 하지 않는다.
> 그저 **자신을 앞으로 더 나아가지 못하게 하는 설명**을 스스로
> 부여하는 것에 불과하다.[*]

'투사'라는 표현에 담긴 의미는 내가 지금 맛보는
기쁨이라는 '느낌 그 자체'를 그의 내면에 그대로 옮겨놓는
것을 그려보면 알 수 있습니다. 하지만 그런 이미지는
비트겐슈타인이 말했듯 우리를 '앞으로 더 나아가지 못하게
하는 설명을 부여'하는 것입니다. 내 마음은 나만이 파악할
수 있고, 나는 당신의 마음에 가닿을 수 없다는 이미지.

───── *『ラスト・ライティングス』 p.391-392, 강조는 인용자가 했다.

마음의 자폐自閉. 나는 내 마음에 갇혀 있고, 나는 당신의 마음을 본뜬, 마음의 번역이라 할 수 있는 외면적 언동과 표정밖에 받을 수 없다는 설명을.

이 상식적인 마음에 대한 관념을 치유하기 위해서 비트겐슈타인은 앞서 소개한 '종이 왕관을 쓴 킹'이라는 사고실험을 한 것입니다.

말은 언제나 다른 의미로 파악될 가능성을 품고 있습니다. 좋으리라 여기고 한 말이 상대방을 상처 입히는, 그런 돌봄의 실패.

일상적으로 일어나는 이런 엇갈림은 우리가 지니고 있는 말과 마음의 특징입니다. 완전히 엉터리는 아니지만, 때로 예견할 수 없는 불확실성이 있죠.

> 나는 예측 불가능성이 마음이 지닌 **하나**의 본질적 성질이 분명하다고 생각한다. 그와 더불어 끝없는 표현의 다양성도.*

> 당신은 언어놀이란 말하자면 미리 볼 수 없는 어떤 것이라는 것을 명심해야 한다. 내 말뜻은: 그것은

---

* 같은 책, p.365.

근거가 뒷받침되어 있지 않다는 것이다. 이성적(또는

비이성적)이지 않다는 것이다.

그것은 거기에 있다—우리의 삶처럼.[*]

마음은 예측 불가능하기 때문에 마음이 된다.

비트겐슈타인은 그 점을 꿰뚫어 보았습니다.

그러나 우리는 '마음은 숨겨져 있다'고 믿게 되었죠.

그런 믿음을 담은 대표적인 말이 있습니다.

여자 마음을 모른다.

대체 무엇을 모른다는 말일까요? 그리고 어떻게 되면 아는

것으로 인정받을 수 있을까요?

우리는 왜 '숨겨진 마음'이라는 실체가 존재한다는 이미지를

상식적인 것으로 받아들였을까요?

이 이미지가 우리의 돌봄을 방해합니다. 당신이 소중히

아끼는 것은 마음이라는 보이지 않는 상자 속에 담겨 있고,

나는 그것에 다가갈 수도 만질 수도 없다고 말이죠.

하지만 그렇지 않습니다. 마음은 말과 태도 속에

있습니다. 마음은 언어놀이를 하는 와중에 나타납니다.

언어놀이에서의 일탈로서 마음이 모습을 드러냅니다. 극이

—— [*] 루트비히 비트겐슈타인 지음, 이영철 옮김, 『확실성에 관하여』 책세상
2006, 134면.

다른 극으로 바뀌려 하는 바로 그 순간, 마음이 나타납니다. 마음이 있으니까 어떤 말이 입 밖으로 나오는 것이 아닙니다. 마음이 먼저 확고한 것으로 존재하기 때문에 어떤 언동을 하는 것이 아닙니다. 어떤 말이 '마음 있는 말'이 되고, 어떤 행위가 '마음 있는 행위'가 되는 것입니다. 사람들은 또한 "내 마음을 모르겠다."라고도 종종 말합니다. 당사자도 모르고, 타인도 알 수 없지만, 마음은 확고한 실체로 존재한다. 이런 이미지는 대체 무엇을 의미할까요? 마음은 당사자 외에 누구도 다가갈 수 없고 파악할 수 없는 사적privacy인 것이라는 성질을 근본적으로 지니고 있다는 이미지는 '마음'이라는 말의 문법을 어긴 것이 아닐까요?

'통증'이라는 감각에 대하여

앞서 인용했던 '상자 속의 딱정벌레'에 관한 글을 다시 한 번 인용하겠습니다.

> 내가 나 자신에 대해, 나는 "고통"이란 낱말이 무엇을 의미하는지를 오직 나 자신의 경우로부터 안다고 말한다면, ―나는 다른 사람들에 대해서도 역시 그렇게

말해야 하지 않는가? 그리고 나는 도대체 어떻게 해서 그 하나의 경우를 그처럼 무책임한 방식으로 일반화할 수 있는가?

자, 모든 사람이 자기 자신에 관해 나에게 말한다. 자기는 오직 자기 자신으로부터만 고통이 무엇인가를 안다고! ― 모든 사람이 각자 상자 하나씩을 가지고 있고, 그 속에는 우리가 "딱정벌레"라고 부르는 것이 들어 있다고 가정해 보자. 아무도 다른 사람의 상자 속을 들여다볼 수 없다; 그리고 모든 사람이 자기는 오직 자신의 딱정벌레를 봄으로써만 딱정벌레가 무엇인지를 안다고 말한다. ― 여기서 모든 사람은 자신의 상자 속에 다른 사물을 가지고 있을 수 있을 것이다. 그뿐 아니라, 우리들은 그러한 사물이 계속해서 변한다고 상상할 수 있을 것이다.―그러나 그럼에도 불구하고 만일 이 사람들의 "딱정벌레"라는 낱말이 어떤 쓰임을 지닌다면?―그렇다면 그것은 사물의 명칭으로서의 쓰임은 아닐 것이다. 상자 속의 사물은 그 언어놀이에 전혀 속하지 않는다; 어떤 무엇으로서조차도 속하지 않는다; 왜냐하면 그 상자는 비어 있을 수도 있기 때문이다.― 아니, 상자 속의 이 사물에 의해 '약분될' 수 있다; 그것이 무엇이든 간에, 그것은 상쇄되어 없어져 버린다.

즉; 감각 표현의 문법이 '대상과 명칭'의 틀에 따라 구성된다면, 그 대상은 무관한 것으로서 우리의 고찰로부터 떨어져 나간다.*

비트겐슈타인은 이 글에서 자신만 볼 수 있는 '상자 속 딱정벌레'라는 비유를 활용해 '통증'이라는 감각에 대해 고찰했는데, 저는 이 논법을 '슬픔'과 '절망'에도 적용할 수 있으리라 생각합니다. 물론 통증은 보통 신체의 어느 부위가 아프다고 언급할 수 있는 데 비해 슬픔과 절망은 그럴 수 없다는 차이가 있죠. 하지만 '지금, 내 속에 있는 이 감정은 슬픔이다.'라고 '대상과 지명'을 할 수 있다는 점은 통증과 공통됩니다.

여기서 비트겐슈타인이 뛰어넘으려 한 것은 타인의 마음에 대한 일종의 의심, 즉 타인의 마음에 관한 회의론입니다.
'이 사람이 지금 느끼고 있을 이 슬픔은 내가 느낀 적 있는 그 슬픔과 전혀 다르지 않을까?'
통증과 비애에 관한 회의론이 왜 우리에게 절박한 문제인가 하면, 당신과 내가 무한히 멀리 분리되어 있는 듯한 느낌을 주기 때문입니다.

——— *『철학적 탐구』 190~191면.

    5장 소중한 것은 '상자 속'에 들어 있지 않다

고독하다는 감각.

같은 그림을 보고 있는데, 전혀 다른 풍경을 발견하고 있다.

같은 요리를 먹고 있는데, 전혀 다른 맛을 느끼고 있다.

같은 일을 경험했는데, 정반대되는 인상으로 기억하고 있다.

심지어 이런 어긋남이 언어놀이에서 전혀 드러나지
않는다면.

그렇다면 우리 한 사람 한 사람이 자기 자신 속에
틀어박히게 됩니다.

당신의 마음과 내 마음은 두껍고 단단한 벽으로 가로막히고,
만지는 것도 만져지는 것도 할 수 없는 상자 속에 갇힙니다.
그렇게 되면 돌봄은 사람들이 서로 엇갈리는 무대가 되고,
돌보려는 마음은 헛돌기만 해서 서로가 서로를 상처
입힙니다. 가장 좋은 선택지는 '사람마다 다르니까.'라고
체념하며, 자신의 마음속 상자에 조심조심 틀어박히게 되고
말죠.

표정의 전체론적 성질

앞선 비트겐슈타인의 고찰은 '바깥에서 관찰 가능한 외적
언동에서는 모순이 전혀 없는 상황'을 전제하고 있습니다.

즉, 딱정벌레(=통증)라는 말을 사용하는 언어놀이에서는
의문을 제기할 일도 없고 막히는 구석도 없고 부조화도
느껴지지 않는, 대화와 소통이 원활하게 진행되는 상황을
전제합니다. 다시 말해 비트겐슈타인의 사고실험은
'공적public인 수준에서는 언어놀이가 성립되고 있지만,
사적private인 차원에서는 서로가 전혀 다른 감각(혹은
무감각)을 갖고 있다면?'이라는 의문을 파고드는 것입니다.
그리고 이 사고실험에서 '딱정벌레'라는 말과 연결되는 내적
감각은 그 역할을 잃고 있다고 비트겐슈타인은 지적합니다.
비트겐슈타인의 주안점은 마음과 감각에 관한 원자론적
이미지를 치료하는 것이었습니다. 실험에 등장하는 상자 속
딱정벌레(=마음속 감각)는 '하나의 말에는 그에 대응하는
하나의 대상이 존재한다.'라는 언어관을 뛰어넘기 위한
계몽적이고 상징적인 비유, 우화인 것이죠. 이 대목에서
비트겐슈타인 철학의 특징이 드러납니다.

> "고뇌"는 삶의 융단에서 상이한 편차를 가지고 반복되는
> 어떤 무늬를 우리에게 기술한다. 만일 어떤 사람에게서
> 슬픔과 기쁨의 신체적 표현이 가령 시계의 똑딱거림과
> 더불어 엇갈린다면, 여기에는 슬픔 무늬의 특징적 경과가
> 없을 것이며, 기쁨 무늬의 특징적 경과도 없을 것이다.

"그는 1초 동안 격렬한 고통을 느꼈다."—어째서
그는 1초 동안 깊은 고뇌를 느꼈다"란 말은 이상하게
들리는가? 단지 그것이 매우 드물게 나타나기 때문인가?

그러나 당신은 **지금** 고뇌를 느끼고 있지 않은가?
("그러나 당신은 **지금** 장기를 두고 있지 않은가?") 그
대답은 긍정적일 수 있다; 그러나 그것이 고뇌의 개념을
감각의 개념과 더 비슷하게 만들지는 않는다. —그
물음은 실은 본래 시간적이고 개인적인 것이었다; 우리가
제기하고자 했던 논리적인 물음이 아니었다.*

이 인용문에서 '융단'과 '무늬'라는 비유에 주목해봅시다. 이
비유에는 '각 부분에 이미 의미가 있고, 그 의미의 단편 A,
B, C…로부터 이끌어지는 총계(A와 B와 C와…)가 전체의
의미를 규정한다.'라는 사고방식, 즉 원자론에 대한 부정이
담겨 있습니다. 그래서 앞선 인용문에는 전체론**적 인상이
있는 비유가 쓰였지요.
전체론적 성질이 있는 것으로는, 예를 들어 표정이

───── *『철학적 탐구』 321~322면.
** 현상, 개념, 기관 등의 전체성을 강조하는 이론으로 단순하게 부분을
모두 더하는 것만으로는 전체를 제대로 설명할 수 없다고 한다.

있습니다.

눈 단독으로는 표정이 존재할 수 없습니다. 입 단독으로도, 볼 단독으로도 그렇죠. 표정이란 얼굴에 있는 여러 부위의 연합, 비율을 가리키는 것이고, 방금 전의 표정과 지금의 표정과 그다음에 나타나는 표정의 변화와 그 연관 속에 나타나는 것입니다. 그중 어느 일부만 떼어내서는 결코 표정이라는 개념이 성립되지 않습니다. 우리는 계속 웃는 얼굴, 어떤 상황에서든 항상 웃는 얼굴에서는 표정을 감지하지 못합니다. 표정은 시간적인 구축물이며, 역설이지만 표정의 변화, 표정의 차이야말로 표정인 것입니다.

고뇌도 표정과 마찬가지입니다. 고뇌에서 어느 한순간의 시간적인 단편만을 끄집어낼 수는 없습니다. 그것은 고뇌라는 말의 '문법'에 어긋나죠. 고뇌는 일정한 시간에 걸쳐 이뤄지는 표출이기 때문에 1초마다 고뇌와 기쁨이 교차하는 듯한(혹은 그렇게 볼 수밖에 없는) 언동을 하는 타인이 있을 때, 우리는 그 타인에게서 고뇌도 기쁨도 찾아낼 수 없습니다. 그런 교대가 웬만해서는 일어나지 않는다는 사실관계의 문제 때문이 아닙니다. 만약 그런 감정의 교대가 외적 언동으로 일어난다고 해도 우리가 그것을 고뇌의 언동, 기쁨의 언동으로 받아들이지 않는다는 말입니다. 오히려 지금 대체 무슨 언어놀이인지 알 수 없어 곤혹을 느끼고, 그때까지 원활하게 진행되던 언어놀이가 멈추고 말겠죠. 이 책의 맥락대로 표현하면, 어떤 돌봄을 해야 하는지 알 수 없는 사태가 벌어지는 것입니다.

앞의 인용문 중 "그러나 당신은 지금 장기를 두고 있지 않은가?"라는 문장도 마찬가지로 유추적입니다. 체스라는 놀이에서 어느 한 수가 놓인 순간. 그 한 수만 떼어서 보고 체스를 한다고 할 수는 없습니다. 규칙도 모르는 채 되는대로 말을 잡아서 체스판에 대충 놓은 것일 수도 있죠. 체스를 안다는 것은 체스라는 놀이를 계속할 수 있는 경우에만 성립됩니다. 체스를 지속함으로써 소급적으로 체스를 아는 것이 된다는 말입니다. 이 대목에도 언어놀이의 전체론적 성격이 있습니다.

마음은 순간의 감각에 대한 것이 아니고, 그 순간의 언동에 전부 담기는 것도 아닙니다. '당신의 마음'은 순간이 아닌 시간에 걸쳐 이뤄지는 이야기로 '타인인 나'에게 파악될 수 있습니다.

비탄에 빠져 있는 타인을 돌볼 때, 우리는 그의 비탄만을 돌보는 것이 아닙니다. 돌봄이란, 그 사람 자체를 돌보는 것을 가리킵니다. 그 사람의 삶, 과거의 기억과 상처, 앞으로의 전망에 마음을 쓰며 지금 돌아갈 곳은 있는지,

아니면 오늘 밤 잠은 좀 잘 수 있는지 걱정해주는 것이
돌봄입니다. 그렇게 그 사람을 바라보는 것. 그 사람의
고뇌를 지켜보는 것.

그런 돌봄은 가능합니다. 언어적으로, 논리적으로 가능합니다.

비트겐슈타인이 말한 규칙의 역설

감각을 드러내는 표현의 문법이 '대상과 지명'이라는
모델이 아니라고 한다면, 대체 우리는 '슬프다'는 말이나
'다정하다'는 말을 어떻게 사용하는 것일까요? 아니면, 대체
어떻게 해서 그 말들의 사용법을 익혔을까요?
비트겐슈타인으로부터 유래한 또 다른 사고실험을
소개합니다.

어느 교실의 풍경. 교사는 덧셈의 구체적인 예를 몇 가지
칠판에 적고 아이들에게 보여주었습니다. 1+1=2, 2+4=6
같은 예들을. 그 후 두 자리 수의 덧셈, 두 자리 수와 세
자리 수의 덧셈 등도 구체적인 사례를 보여주었습니다.
아이들은 구체적인 계산 사례들로부터 산수의 일반적인
규칙을 파악한 듯했죠. 교사는 "이제 지금까지 했던 대로

계산해보자."라며 아이들이 연습 문제를 풀게 했습니다. 그런데 그때까지 순조롭게 문제를 풀던 한 아이가 3+5의 답이 7이라고 우겼습니다.

"왜 그러니? 지금까지 했던 대로 해보렴."이라는 교사에게 아이는 "네? 똑같이 했는데. 7이 아니에요?"라고 진지한 표정으로 말했죠. 계산을 잘못하지 않았다고 주장하는 것입니다. 교사는 "지금까지 했던 규칙을 따라서 자연스러운 덧셈을 해봐."라고 버텼지만, 아이는 "방금 전에 했던 대로 자연스럽게 했는데 7이에요."라고 답했습니다. 교사의 계산 결과에 이의를 제기하는 아이는 처음에 한 명뿐이었지만, 그 후 일탈적인 아이가 점점 늘어났습니다.

심지어 그 아이들이 하는 계산의 일탈 양상이 전원 일치했죠. 어떤 특정한 계산, 예컨대 11+15가 30이라 답하고, 1022+1999=0, 2177+5213=0이라고 일탈한 아이들 모두가 똑같이 틀린 것입니다. 옆 반에서도 마찬가지였습니다. 처음에는 교사가 "얘들아, 아니야. 올바른 계산은 이거야."라고 계속 가르쳤지만, 전혀 개선되지 않았습니다. 결국에는 옆 반 선생님까지 "3+5는 7일지도 몰라. 점점 자신이 없어지네."라고 말했습니다.

이 사고실험은 비트겐슈타인이 제시한, 그의 연구자들
사이에서는 '규칙의 역설'이라 불리는 고찰에서 쓰인 사례를
좀 각색한 것입니다. 이 사례에 등장한 아이들은 모두
'공감각자'였다는 전제를 제가 덧붙이겠습니다. 공감각이란
숫자와 기호가 색을 띠고 나타나는 현상인데, 공감각자인
아이들은 교사가 보여준 몇 가지 계산 사례를 보면서
산수란 색과 색을 더하여 자연스러운 색을 이끌어내는
규칙이라고 이해해버린 것입니다.

참고로 이건 엉뚱한 사고실험은 아닙니다. 이와 비슷한
사례가 우리의 현실 세계에도 실제로 있습니다.

자폐스펙트럼 당사자 중 수학과 음악 등에 특출한
재능을 지닌, 이른바 서번트 증후군인 인물 중에 바로 이
사고실험과 비슷한 사례가 있습니다.

『내게는 숫자가 풍경으로 보인다』*의 저자이기도 한 대니얼
태밋Daniel Tammet은 수학에 천재적인 재능이 있는 아스퍼거
증후군 당사자입니다. 책 제목대로 그는 숫자를 볼 때
다양한 이미지를 함께 본다고 합니다.

그중에서도 흥미로운 것은 다음 그림입니다.

———— * ダニエル・タメット(著), 古屋 美登里(譯), 『ぼくには数字が風景に見
える』講談社 2007. (원서: Daniel Tammet, *Born on a Blue Day*, Free
Press 2007.)

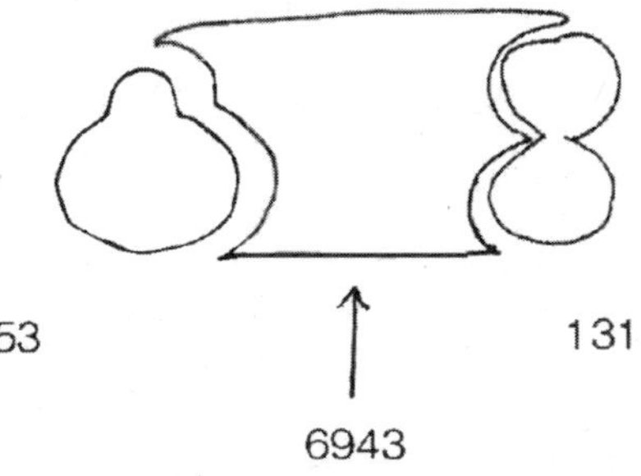

대니얼 태밋의 『내게는 숫자가 풍경으로 보인다』로부터.

이 그림은 태밋의 계산입니다. 그림이라고 했지만 실제로 종이에 그릴 필요는 없다고 하는데, 인용한 그림은 53×131을 계산한 것입니다. 각각의 숫자가 고유한 형태로 머릿속에 떠오르고 그 사이에 딱 들어맞는 모양의 숫자가 이 곱셈의 결과라는 것이죠. 태밋이 보기에 숫자 하나하나에는 개성이 있습니다. "11은 붙임성이 좋고, 5는 부산스럽고, 4는 내향적이면서 조용"하다고 하죠.

보통 종이에 숫자를 써서 계산하는 우리와 비교하면 태밋은 전혀 다른 규칙에 기초해 계산하는 것인데, 그런 계산으로도 결과에 오류는 없습니다.

수학에 그렇게 뛰어난 재능이 있는 태밋은 타인의 감정을 잘 이해하지 못해서 사람을 대하는 것이 어렵다고 합니다. 그럴 때 숫자를 활용하면 외려 이해하기 쉽다고 하죠.

예를 들어 친구가 슬프다든지 우울하다고 하면, 나는 6의
어둡고 깊은 구멍에 앉아 있는 자신을 그려본다. 그러면
친구와 비슷한 감각을 느껴서 그 감정을 이해할 수 있다.
무언가를 두려워하는 사람의 기사를 읽으면 머릿속으로
9 옆에 있는 나를 상상한다. 아름다운 풍경을 보러
간 사람의 이야기를 들으면, 숫자로 만들어진 풍경을
그려본다.*

태밋은 이런 방법으로 타인의 마음을 파악합니다. 그런
식으로 수많은 사람들이 하는 언어놀이에 동참하는 것이죠.
그렇게 하는 한 언어놀이에서 엇갈림과 일탈이 발생하지는
않습니다. 그야말로 태밋과 다른 사람의 '상자 속
딱정벌레'가 다름에도 불구하고 언어놀이 자체는 순조롭게
진행되는 것입니다.
그렇지만 태밋은 어린 시절 학교에서 받은 산수 유인물을
보고 혼란에 빠졌다고 합니다. 유인물은 당연히 검정
잉크로 인쇄되어 있었습니다. 하지만 그는 그 유인물이
'오류투성이'라고 생각했습니다.

———— *『ぼくには数字が風景に見える』p. 18.

    5장 소중한 것은 '상자 속'에 들어 있지 않다

예를 들어 왜 8을 6보다 크게 쓰지 않았을까, 왜 9를
파랑이 아니라 검정으로 인쇄했을까, 나는 이해할 수
없었다. 그래서 프린터가 9를 너무 많이 인쇄하는 바람에
파랑 잉크가 떨어진 모양이라고 해석했다.
그 유인물에 적은 내 답을 본 선생님은 내가 쓴 숫자가
가지런하지 않고 엉망진창이라고 했다. 모든 숫자를
같은 크기로 써야 한다는 주의를 들었다. 숫자를 그렇게
잘못 쓰는 것은 내게 괴로운 일이었다. 하지만 다른
아이들은 전혀 개의치 않는 것 같았다. 그때 처음으로
숫자를 대하는 내 감각이 여느 아이들과 다르다는 것을
깨달았다.[*]

태밋의 회고에서 중요한 것은 그가 지극히 자연스럽게
규칙대로 숫자를 썼다는 점입니다. 그리고 자신이
아니라 숫자를 쓰는 선생님의 방식이 규칙을 어겼다고,
잘못되었다고 인식했다는 것이죠.
태밋의 사례가 '더하기라는 계산'의 규칙에 대한 것은
아니지만, 앞서 소개한 사고실험과 겹치는 핵심이 몇 가지
있습니다.

———— [*] 같은 책, p. 86.

첫 번째는 몇 가지 사례로부터 규칙을 파악하고 그 후에는
자신이 자연스럽다고 여기는 규칙을 계속 적용한 점.

두 번째는 그 규칙을 파악함으로써 정답과 오답의 기준, 즉
'옳다/그르다'의 규범성을 획득한 점.

세 번째는 그 규범성이 공동체의 규범성에서 벗어났다는 점.

언어 사용은 세계와의 타협에 직면해 있다

그렇다면, 이 사고실험의 주안점은 무엇일까요?
비트겐슈타인이 어째서 산수에 관한 사고실험을
다루었는가 하면, 이와 같은 구조가 우리의 전반적인 언어
사용에 들어맞기 때문입니다.

우리는 몇 가지 사례를 보고 언어의 '의미'를 분명히 파악할
수 있습니다. 이를테면 '알파카'가 무엇인지 몰랐던 사람도
알파카의 사진을 몇 장 보면 그 말을 이해한 듯이 느끼죠.
어느 순간, '알았다!'라는 느낌이 듭니다. 즉, 그 단계에서
알파카의 '의미(라고 마음이나 머릿속에 떠오른 무언가)'를
파악하고, 그 후 '알파카'라는 단어를 알파카의 실물에
적용하여 몇 번이고 똑같이 올바르게 쓸 수 있다고 우리는
생각합니다.

몇 가지 사례로부터 '의미'가 되는 무언가를 획득하고, 그 후 무한히 적용할 수 있게 된다. 오늘날의 상식적인 주장이죠. 그렇지만 이런 언어관, 말에 대한 생각이야말로 비트겐슈타인은 극복하려 했습니다.

비트겐슈타인은 산수를 예로 들어 상식적인 언어관을 보여주었습니다. 앞서 소개한 사고실험은 계산의 의미, 즉 '더하기의 의미'가 '자연스레 파악한 의미'로 무수히 많은 사람들의 머릿속에서 발생한다고 가정하는 경우, 3+5를 7이라고 답하는 일탈의 가능성을 배제할 수 없다는 점을 보여주기 위한 것입니다.

공감각자인 아이들은 3의 색과 5의 색을 더하면 7의 색과 상성이 좋다고 느꼈습니다('알았다!'라는 사적인 감각, 혹은 '고개가 끄덕여진다'는 신체적 감각). 그때까지 교사가 보여준 사례들이 모두 '색의 상성'이라는 규칙을 따랐기 때문에 아이들은 3+5=7이 자연스러운 등식이라고 느꼈죠. 아이들은 자연스러운 것에서 나아가 그 외의 가능성을 떠올릴 수 없을 만큼 자명한 사실로 이해하고 말았습니다 물론 이 같은 일이 현실에서 일어나지는 않습니다(태밋 역시 자신의 감각이 남다르다는 사실을 깨달은 뒤로는 성장 과정에서 공동체의 다른 구성원들이 하는 언어놀이에 점점 합류해갔습니다).

아니, 설령 그런 일탈이 일어나도 아이들을 공동체의
규범으로 이끌며 올바르게 반응하도록 교육하는 것이
분명히 가능합니다(태밋이 그랬듯이). 그러니 귀류법*을
적용해 생각해보면, 이 사고실험 중 어딘가가 잘못되었다는
말입니다.

어디가 잘못되었을까요. 바로 계산과 언어의 이해가 뇌 혹은
심적인 사적 영역에서 이뤄진다는 전제입니다.

실제 언어 사용이란 그런 것이 아니며, 수학에서 하는 계산
또한 '마음속의 일' 같은 것이 아닙니다. 언어 사용도 계산도
끊임없이 우리의 생활, 행위, 세계와 타협하고 있다는
말입니다.

비트겐슈타인은 그처럼 생활 및 실천과 연관된 언어 사용을
'언어놀이'라고 불렀습니다.

3+5=8의 올바름은 우리의 지성과 이성이 보증하는 것이
아닙니다. 그 등식은 우리의 수많은 언어놀이 전체에 의해
올바르다는 근거를 얻습니다.

3+5가 7이 되어버리면 어떻게 될까요?

일단 초등학교 과학 실험에서 쓰는 저울이 맞지 않는
문제가 발생합니다. 그리고 어제 사과 세 개를 냉장고에

---

* 어떤 명제가 참임을 증명할 때, 그 명제의 결론을 부정하면 모순이 생긴다는 것을 보여 그 명제가 참이라는 사실을 간접적으로 증명하는 방법.

넣어두고 먹지 않은 채 오늘 다섯 개를 더 사서 냉장고에
넣었는데, 일곱 개여야 하는 사과가 여덟 개로 하나 늘어나
있는 사태가 벌어지죠. 7리터 용량인 물통에 물을 3리터
붓고 나중에 5리터를 더 부으면 그럴 리가 없는데 물이
넘쳐버릴 것입니다.

이런 일이 벌어지면 어딘가 이상하다고 눈치챌 수밖에 없죠.
앞선 사고실험의 오류는 산수를 우리의 생활 전체에서
분리하여 교실 안에만 한정된 일, 칠판과 종이 위에서만
벌어지는 일로 제한해버린 것에서 유래합니다.

계산을 '그저 기호 변형의 규칙'으로 파악한 탓에 무수히
많은 해석의 가능성(마음속에 떠오르는 계산의 '이미지')을
허용한 셈이 되고 말았죠.

우리가 무수한 해석 중에서 올바른 계산의 규칙을 골라낼
수 있는 것은 수학 능력이나 지성 덕분이 아닙니다. 이성도
수학 능력도 지성도 모두 아니죠.

이 세계에서 이뤄지는 '생활leben'이 우리를 그 언어놀이에
뿌리내리게 합니다.

언어놀이라는 춤을 계속 추는 것

앞서 인용한 비트겐슈타인의 글을 한 번 더 보겠습니다.

> 당신은 언어놀이란 말하자면 미리 볼 수 없는 어떤
> 것이라는 것을 명심해야 한다. 내 말뜻은: 그것은
> 근거가 뒷받침되어 있지 않다는 것이다. 이성적(또는
> 비이성적)이지 않다는 것이다.
> 그것은 거기에 있다―우리의 삶처럼.[*]

앞선 사고실험처럼 계산을 일탈적으로 파악하는 예측할
수 없는 사태를 저울, 사과, 물통에 관한 언어놀이가
수정합니다. 이를 뒤집어 말하면, 그래서 공감각자인
아이들이 '3+5=7'을 여러 언어놀이에서 사용하지 못하는
것입니다. 공감각자인 아이들의 경우처럼 무언가의 일탈이
있으면, 그 일탈은 반드시 언어놀이의 다른 부분에도
영향을 미칩니다. 일상생활의 여러 측면에 지장이 생기게
마련이죠. 이 사실의 대우 명제[**]를 취하면 다음처럼 쓸

---

[*] 『확실성에 관하여』 134면.
[**] 'p이면 q이다.'라는 명제의 대우 명제는 'q가 아니면 p가 아니다.'이며,
어떤 명제가 참일 경우 대우 명제도 참이다.

수도 있습니다.

생활에 모순도 지장도 발생하지 않는다면, '이 사람이 지금 느끼고 있을 이 슬픔은 내가 느꼈던 그 슬픔과 전혀 다른 것이 아닐까?'라는 의문에는 어떤 의미도 없게 된다. 극이 막히지 않고 진행되는 이상, 그 극에 의문은 발생하지 않는다는 것입니다.

그만큼 우리의 언어놀이는 넓은 범위에 걸쳐 있습니다. 광범위한 동시에 모순 없이 연결되어 있죠. 수학이라 해도 어디까지나 언어놀이 속에, 생활leben 속에 있습니다. 그렇다고 하면, 모든 것은 언어놀이 속에 있다고 할 수 있습니다. 그러므로 돌봄 또한 언어놀이 속에 이미 있는 것입니다.

단, 우리의 언어 실천을 특정한 작은 언어놀이에 가둬서는 안 됩니다.

이것이 앞선 사고실험으로 이끌어낼 수 있는 결과입니다. 앞서 말했듯 우리는 마음속에 떠오르는 내적인 감정과 기분을 언어로 번역해서 외부화하는 것이 상식이라고 받아들이고 있습니다.

강렬한 경험을 하고 "말로 표현할 수 없다."라고 하는 것이야말로 이 상식적인 언어관의 근거가 되는 직관이겠죠. 여러 감정을 느끼는 마음이 여기에 있지만 말이 그것을 포착하지 못한다고 말입니다.

그 결과 마음은 타인이 전혀 손댈 수 없는 사적private인

영역에 자리 잡게 되었습니다.

그렇지만 이처럼 '상자 속의 딱정벌레'에 비유되는 마음은

비트겐슈타인의 고찰로 의미를 잃습니다.

마음이 내면에 갇혀 있다고 생각하게 되는 장면이 분명히

있긴 합니다.

당신이 무척 깊은 슬픔 속에 있다고 합시다.

둘도 없는 사람과 다시는 만날 수 없게 되었습니다.

당신에게 닥쳐오는 감정은 극심한 비애다.

당신은 지금 깊은 슬픔 '속에 있다'.

그럼에도 불구하고 당신의 눈앞에 있는 사람은 슬픔 '밖에

있다'.

그에 비해 눈앞에 책 한 권이 있다면 어떨까요.

그 책은 눈앞에 있는 타인과 공유할 수 있습니다.

"책을 가져다줘."라고 부탁할 수도, "이 소설 무척 잘 쓰였어.

첫 부분이라도 읽어봐."라고 권할 수도 있습니다. 그처럼

책은 공유할 수 있습니다.

그렇지만 슬픔은 공유할 수 없습니다.

겨우 몇 센티미터 떨어져 있어도, 아니면 살갗이 닿을 만큼

가까워도, 당신의 비애를 그는 느낄 수 없습니다.

이 슬픔은 나 혼자만의 것입니다.

그렇게 마음은 나의 내면에 갇힙니다.

마음은 갇혀 있는 것이라는 인상을 주는 또 다른 사례를 볼까요.

가령 누군가 "힘들어."라고 말했을 때.

휴대전화로 단 한 마디, "힘들어."라는 메시지가 왔을 때, 우리는 그것이 숙취 때문에 '신체적으로' 힘든 것인지, 아니면 연인과의 일 때문에 '정신적으로' 힘들다는 것인지 모릅니다. 그래서 우리는 상대방에게 무슨 일인지 물어보죠. 그렇지만 여기서 중요한 것은 그게 아닙니다.

어떻게 해야 '치유'가 될까?

어떻게 '처치'하면 좋을까?

앞서 이 장의 첫머리에 "모든 지식은 노하우"라고 한 번 더 적었죠. 그런데 그 노하우는 언어놀이의 예측 불가능성 앞에서 때때로 쓸모없어집니다. 지금 하는 극을 알 수 없게 되죠.

하지만 그렇다고 해서 돌봄을 포기할 필요는 없습니다.

왜냐하면 우리는 이미 언어놀이를 시작했기 때문입니다.

필요한 것은 용기입니다.

어떤 용기일까요?

바로 놀이를 계속할 용기입니다.

이 놀이를 멈추지 않는 것, 이 놀이를 체념하지 않는 것.

이 언어놀이라는 춤을 계속 추는 것이 우리가 하는 놀이의

단 하나뿐인 목적입니다.

6장

언어놀이와 '그랬던 것이 되다'

일자리를 구하는 대졸 구직자의 면접에서 "오늘은
여기까지 어떻게 오셨나요?"라는 질문이 나온다고 합니다.
여러분이라면 어떻게 답하실까요.
만약 "제가 사는 도시에서 고속열차를 탔다가 도중에
지하철로 갈아타고 여기까지 왔습니다."라고 말한다면, 그건
틀린 답이라고 합니다.
정답은 다음과 같은 답변이라더군요.

저희 집에서 귀사까지 보통 48분이 소요됩니다. 집과
가장 가까운 역까지 도보 8분. 그곳에서 고속철도를 타고
지하철로 환승하는 역까지 17분. 지하철로 환승하고 (…)

귀사에 관한 기사를 인터넷에서 검색하며 왔습니다.[*]

참고로 왜 간략한 답변은 부적절하고 상세한 답변이
정답인가 하면, 이 질문이 '타인이 이해하기 쉽도록
정확하게 설명할 수 있는가.' 하는 점을 보려는 것이기
때문이라고 합니다.

어떤 질문에 대해 미리 준비된 모범 답안.

구직 활동에서 이뤄지는 면접이라는 언어놀이. 면접관이
놓는 한 수에 대한 대응으로 적절한 한 수와 부적절한 한 수.
권위 있는 측에서 미리 준비한 정답으로서의 극.

언어놀이에서 잘못된 수를 둔 경우에 받는 가장 큰 벌칙은
'당신은 더 이상 이 놀이를 계속할 수 없다.'라는 퇴장
선고입니다.

우리는 이 벌칙을 두려워합니다. 언어놀이에서 소외되는
것을 두려워합니다. 소외가 두렵기 때문에 우리는 그
언어놀이의 정답이 쓰여 있는 '설명서' '모범 답안'을
구합니다. 달리 말하면 '극의 대본'을 원하는 것입니다.

이런 상황에는 '권위'라는 구조와 원리가 숨어 있습니다.

일단 어떤 언어놀이가 시작됩니다. 처음에는 규칙이

---

[*] 坂本 直文, 『２０２６年度版 イッキに内定！ 面接＆エントリーシート[一
問一答]』高橋書店 2021.

명확하지 않고, 아직 '규범', 즉 명확한 규칙이 없습니다.
그러다 점차 놀이를 순조롭게 계속하는 사람과 그러지
못하는 사람이 나타납니다. 그렇게 되면 놀이를 잘하는
사람들은 그러지 못하는 사람들에게 조언하거나, 주의를
주거나, 시정하길 바라거나, 일탈이 너무 심해지면 아예
놀이를 중단하기도 합니다. 그러는 과정에서 '그렇게 해야
한다.'거나 '그럴 수는 없다.'거나 '그렇게 해서는 안 된다.'
같은 규범이 차례차례 생성되죠. 언어놀이는 점점 단단하게
다져지고, 그 결과 규범이 완성됩니다.

언어놀이 내부에 있는 사람들은 단단해진 규범, 규칙을
이용해 일탈자들에게 '퇴장 권고'를 내릴 수 있게 됩니다.
그렇게 언어놀이는 '시스템'으로 변합니다.

그리고 마침내 도덕이 탄생합니다.

무라카미 하루키가 말했듯이 '시스템'은 때로 우리에게 깊은
상처를 입힙니다. 구직 활동의 구조 역시 어느샌가 마치
시스템으로 존재하는 듯이 여겨지기 때문에 모범 답안이
만들어지는 것입니다.

구직 활동에서 퇴장 권고란 물론 '불합격'일 것입니다.
연애에서는 '파국' 내지 '결별'이겠죠. 모두 '더 이상 당신과
이 언어놀이를 계속하지 않겠다.'라는 마지막 한 수입니다.
우리는 타인과 하는 언어놀이를 고집하고 집착합니다.

언어놀이에서 소외되는 것을 두려워하죠. 이 두려움은 현대
사회에 있는 전반적인 불안에 해당하는 것 같습니다.
이를테면 건강에 대한 불안. 신체 및 정신이 건전하기를
바라고, 건강을 잃거나 장애를 갖는 걸 두려워하는 이유는
무엇일까요. 현재 진행되는 언어놀이(일, 가족 관계 등)를
계속할 수 없게 되기 때문일 것입니다. 금전적 불안 또한 그
밑바탕에는 의식주와 관련한 소비라는 언어놀이, 즉 생존이
걸린 언어놀이에서 탈락되는 것에 대한 두려움이 있습니다.
그러니 우리는 언어놀이를 계속하기 위해서 사는 것이라고
표현할 수도 있습니다. 언어놀이에 속해서 무아지경으로
계속 춤추는 것. 우리는 그것을 목표하고 있습니다.

> "춤을 추는 거야"라고 양 사나이는 말했다. "음악이
> 울리는 동안은 어쨌든 계속 춤을 추는 거야. 내가 하는
> 말 알아듣겠어? **춤을 추는 거야. 계속 춤을 추는 거야.** 왜
> 춤추느냐 하는 건 생각해선 안 돼. 의미 같은 건 생각해선
> 안 돼. 의미 같은 건 애당초 없는 거야. 그런 걸 생각하기
> 시작하면 발이 멈춰버려. 한번 발이 멈추면 이미 나로선
> 어떻게도 도와주지 못하게 되고 말아. (…) 당신은
> 분명히 지쳐 있어. 지쳐서 겁을 먹고 있어. 누구에게나
> 그런 때가 있어. 무엇이고 모두 잘못되어 있는 것처럼

느껴지는 거야. 그래서 발이 멈춰버리거든."

(…)

"하지만 춤을 추는 수밖에 없는 거야." 하고 양 사나이는
말을 이었다. "그것도 남보다 멋지게 추는 거야. 다들
감탄할 만큼 능숙하게. 그렇게 하면 나도 당신을 도와줄
수 있을지도 몰라. 그러니 춤을 추는 거야. 음악이
계속되는 한."
춤을 추는 거야. 음악이 계속되는 한.*

이야기를 아는 것, 극을 흉내 내는 것

마음이란 본질적으로 '예측 불가능성'을 내포한
것이었습니다.
그로부터 다음과 같은 의문이 떠오릅니다.
왜 우리는 마음이 예측 불가능한 것이라는 사실을 잊고
있을까?
어째서 마음이 언제든지 일상의 원활한 언어놀이에서
벗어날 수 있음을 의식하지 않게 되었을까?

———— * 무라카미 하루키 지음, 유유정 옮김, 『댄스 댄스 댄스 상』 문학사상 2009,
167~168면.

215

그 답을 찾기 위한 결정적 단서는 이미 앞서 등장했습니다.

언어놀이는 이윽고 굳게 다져지고, 규범은 경화된다.

이 대목에 핵심이 있습니다.

우리는 어린 시절부터 여러 교육(가정, 어린이집, 유치원 같은 곳에서 이뤄지는 언어놀이, 혹은 그림책, 애니메이션, 노랫말에 담긴 언어놀이)을 받으며 전형적인 '다정한' 언동, 이타적 언동을 이해하지 못해도 일단 받아들이는 것부터 시작합니다. 즉, '다정함'의 전형저인 극을 배우죠. 그림책, 인형극, 유아동 대상 애니메이션을 떠올려보면 이해할 수 있을 것입니다. 애니메이션 「호빵맨」 같은 것을 예로 들면, 그런 매체에는 전형적인 다정함, 이해하기 쉬운 돌봄이 담겨 있습니다. 복잡한 심경이나 성장 과정은 묘사하지 않죠. 복선도 거의 없고, 상처는 전형적으로 그려지는 경우가 많습니다. 그런 매체를 보는 것은 우리의 공동체에 있는 '이래야 마땅하다.' '그러는 것이 바람직하다.'라는 규범성을 습득하는 첫걸음입니다.

언어 사용은, 즉 말의 사용에 대한 문법은 이야기를 아는 것, 극을 흉내 내는 것으로부터 시작된다는 말입니다. 물론 그런 것들은 '단단해진' 이타이긴 합니다. 하지만 전반적인 언어 사용에서, 즉 돌봄과 관련한 언어놀이의 참가자가 되려면 우선 그 단단한 이타부터 습득해야 합니다.

현실의 여러 상황에서 대부분의 언어 사용이 경화될
수 있기 때문에 우리는 사전으로 말을 정의할 수 있는
것입니다.

사전이란 우리가 속한 언어 공동체에서 어느 정도 '경화'된
언어 사용을 (그때그때) 카탈로그로 만든 것이라 할 수
있습니다. 그 때문에 우리는 타인의 언어 사용이 '올발랐다/
잘못되었다'라고 판정할 수 있고 시정할 수 있습니다. 즉,
경화한 언어놀이에서는 그 말의 사용, 언동, 행위에 대한
지적, 시정, 비난, 평가 같은 '규범성'이 발생할 수 있습니다.

이처럼 충분히 굳게 다져진 행위만으로 돌봄이 이뤄진다면,
모든 일은 아무런 문제도 없이 원활하게 흘러갈 것입니다.
그렇지만 우리는 타인의 마음이 보이지 않고, 어떻게
다가가면 좋을지 알 수 없을 때야말로 돌봄을 하려고
합니다. 마음의 예측 불가능성(=극의 근본적 변화, 극을 알
수 없는 국면)이 눈앞에 노출된 때, 다르게 표현해 무언가
'사건'이 발생한 때야말로 우리는 그 사람을 돌봐야 한다는
말입니다. 이 점에 돌봄의 아포리아가 있습니다.

돌봄은 돌볼 수 없을 때 가장 필요해집니다. 돌봄이
돌봄으로서 이루어질 때, 우리는 돌봄을 의식하지 않습니다.
돌봄을 제대로 할 수 없음에도 돌봄이 반드시 필요한
상황에서 돌봄에 대한 의식이 날카로워집니다.

극을 되살려야 한다

굳게 단단해진 돌봄은 분명히 매뉴얼로 만들 수 있습니다.
실제로 우리는 어린 시절 그런 매뉴얼을 익혔고, '다정'뿐
아니라 '선의' '사랑' '동정' '구제' '원조' '지원' 같은
말들은 당연히 사전에 등재되어 있죠. 교육 과정의 첫
단계에서는 '다정하다' 같은 말의 기초를 배웠습니다.
공동체의 내부에서 단단해지고 곤긴해진 사용 방식을
일단 학습해왔죠. 그러지 않으면 애초에 '다정함'이라는
말을 사용할 수 없으니까요. 하지만 그런 언어 사용은
오랜 시간 단단해진 공공적인 것이며, 눈앞에 있는 단 한
사람을 받아들이는 데에는 불충분합니다. 외려 때로는
폭력적이기까지 하죠(앞서 살펴본 「여우와 두루미」 일화를
떠올려봅시다).
그렇기 때문에 우리는 삶에서 '다정함'에 관련한 미지의
언어놀이를, 즉 극을 되살려야 합니다.

카프카는 이야기로 돌봤다

예측 불가능한 일의 출현을 '사건'이라고 부르겠습니다.

그 사례로『변신』등 여러 작품으로 널리 알려진
프란츠 카프카Franz Kafka의 일화를 소개합니다.『회상
속의 카프카』*라는 책에 등장하는 일화로 카프카의
말년을 함께한 연인 도라 디아만트Dora Diamant가 들려준
이야기입니다.

어느 날, 카프카와 도라가 함께 산책을 했습니다.
그들은 공원에 갔는데, 그곳에 어린 여자아이가
울고 있었습니다. 왜 그러는지 묻자 아이는 "인형을
잃어버렸어."라고 했습니다. 그 즉시 카프카는 "네 인형은
잠깐 여행을 떠났을 뿐이야. 정말이야. 아저씨한테
편지를 보냈거든."이라고 인형이 사라진 사정을 지어내기
시작했습니다. 당연히 여자아이는 수상쩍어하며 "그 편지
갖고 있어?"라고 물었죠.

"아니, 집에 두고 왔거든. 내일 꼭 가져올게."
그렇게 말한 카프카는 집에 돌아가자마자 아이에게 말한
편지를 쓰기 시작했습니다. 편지를 쓰는 그의 모습은 자신의
작품을 창작할 때 못지않게 무척 진지했다고 하죠.

---

* ハンス＝ゲルト・コッホ(編), 吉田 仙太郎(譯),『回想のなかのカフカ』平凡社 1999. (원서: Hans-Gerd Koch(Ed.), *Als Kafka mir entgegenkam* …, Klaus Wagenbach 1995)

어린이를 어떻게든 환멸로부터 지키고 정말로
만족시켜야 했기 때문이다. 그래서 거짓말을 허구의
진실에 의해 진실로 전환해야만 했다.*

이튿날, 카프카는 공원에서 여자 아이에게 편지를
건넸습니다. 아직 글자를 읽지 못하는 아이를 위해 그
'인형이 보낸 편지'를 읽어주었다고 하죠. "카프카는 편지
속의 인형이 언제나 똑같은 가족과 함께 사는 것에 싫증이
났다고 설명했다. 그리고 얼마간 다른 곳으로 옮겨 살고
싶다는 인형의 희망을 밝혔다. 요컨대 인형은 아이를 무척
좋아하지만, 잠시 떨어져 있고 싶다는 것이다."**
인형은 매일 편지를 쓰겠다고 약속했습니다. 그리고
카프카는 실제로 매일 편지를 썼습니다. 그 편지가 3주 동안
이어졌죠. 인형이 경험한 모험, 성장해서 학교에 다니고
친구가 생긴 일 등을 들려주었습니다. 여자아이와 다시 함께
살 수는 없다는 사실을 넌지시 알리면서. 그렇게 여자아이는
인형과 이별을 맞이할 마음의 준비를 했습니다.
카프카는 이제 결말을 어떻게 할지 고민했죠.

---

* 『回想のなかのカフカ』 p. 291.
** 같은 책, p. 291.

프란츠는 어떻게 결말을 내야 할지 고민하면서 몹시
불안해했다. 왜냐하면 제대로 된 결말을 내야 했기
때문이다. 즉, 장난감을 잃어버림으로써 깨어난 무질서를
대신하는 질서를 다시 세워야 했기 때문이다. 그는
오랫동안 고민하며 힘겨워했지만, 결국에는 인형을
결혼시키기로 했다. 그는 일단 청년부터, 그리고
결혼식을, 결혼에 앞선 여러 준비를, 그리고 무척
꼼꼼하게 젊은 신혼부부의 집을 묘사했다. "우리가
앞으로 다시는 만나지 못한다는 걸 받아들여야 한다고,
너도 알아주길 바라." 프란츠는 한 어린아이의 갈등을
예술의 기법으로 해결한 것이었다. 그가 세계에 질서를
세우기 위해 스스로 사용했던 가장 유효한 수단으로.*

카프카의 편지는 엄연히 거짓말이긴 합니다.
그렇지만 이 일화에는 이야기로 한 돌봄이 있습니다.
소중히 아끼던 인형을 잃고 발생한 무질서 상태에서
이야기를 들려줌으로써 그저 인형을 잃어버린 것이 아니라
인형이 여행을 떠난 것이라는 극을 만들어내어 여자아이의
질서를 회복시켰죠.

———— * 같은 책, p. 292-293.

어째서 이야기로 하는 돌봄이 중요할까요? **그 여자아이를 과학과 첨단 기술은 도울 수 없기 때문입니다.**

아무리 과학이 발전하여 구석구석 우주의 구조를 밝혀내고, 자연을 제어하고, 온갖 정보를 처리할 수 있게 되어도 인간의 비애와 상처를 돌볼 수는 없습니다.

물론 비애를 미리 막을 수는 있다고 생각합니다. 인형에 GPS 기능이 있는 칩을 달아서 위치를 확인할 수 있게 하는 것은 오늘날 충분히 가능합니다. 하지만 이미 일어난 비애에 대해서는 과학도 기술도 무력합니다. 3장에서 인용한 가와이 하야오의 글을 보면 명백하죠.

> 결혼식을 앞두고 가장 사랑하는 이를 교통사고로 잃은
> 사람이 있다. 이 사람은 틀림없이 '왜?'라고 질문할
> 것이다. '왜 그 사람이 죽었을까?' 이 의문에 대해 의사는
> '두부 외상을 비롯해⋯.'라고 긴 답을 말할 것이다.
> 그 답은 틀리지 않았다. 틀리지 않았지만, 질문자를
> 만족시킬 수는 없다. 그 올바른 답이 어째서 질문자를
> 만족시킬 수 없을까. 그 이유는 '왜why'를 묻는 질문을
> '어떻게how'를 묻는 것으로 바꿔서 답했기 때문이다.[*]

———— [*] 河合 隼雄, 『ユング心理学入門』 培風館 1967, p.2-3.

비애와 상처라는 '받아들이기 힘든 것'이 우리 앞에

출현했을 때는 오로지 **이야기만이 위로해줄 수 있습니다.**

왜냐하면 우리는 자신에게 소중한 것을 충분히 아껴주지

못했을 때에도, 아니, 오히려 그런 때야말로 아주 깊이 상처

입기 때문입니다.

여자아이는 '인형을 잃어버렸다'는 사실 자체를

슬퍼했을까요? 인형을 잃어버린 사실, 인형과 다시는 만날

수 없다는 사실 그 자체보다도 '왜 나는 소중한 인형을 더

소중히 아끼지 못했을까?'라는, 인형에 대한 죄책감이 준

상처가 더 심했을 것입니다.

예를 들어, 기르던 고양이가 세상을 떠나고 말았을 때.

왜 좀더 잘 돌보지 못했을까? 왜 좀더 빨리 병원에 데려가지

않았을까? 이런 자책과 후회로 힘겨워하는 사람들이

많으리라 생각합니다. 소중한 것을 상처 입혔다는 죄책감을

스스로 짊어지는 것이죠.

이럴 때 '이야기'가 중요한 역할을 합니다.

돌봄이란 타인의 소중한 것을 함께 소중히 아끼는 것, 그

소중한 것을 회복시키는 것, 소중한 것을 상실한 사람이

올바르게 작별할 수 있도록 관계하는 것을 가리킵니다.

인형이 보낸 편지라는 거짓말은 카프카가 여자아이를 위해

했던 '이야기에 의한 돌봄'이었습니다. 오로지 자신만을

위해 쓰인 편지, 즉 자신만을 위한 이야기가 그 어린
여자아이를 치유하고, 구했습니다.

인형을 잃어버린 것이 아니라 인형 자신의 의지로 여행을
떠났던 것이 되었다.

그렇게 '인형을 소중히 아끼지 못했다.'라는 극이 아니라
'인형이 여행을 떠났고, 그곳에서 행복하게 살고 있다.'라는
극이었던 것이 되었다.

이 '그랬던 것이 되다'라는 일종의 게기는 돌봄에서 매우
중요한 역할을 합니다.

'상처의 이야기'를 '축복의 이야기'로

또 다른 예를 살펴보겠습니다.

미타니 고키三谷 幸喜 감독의 2006년 영화 『더 우초텐 호텔THE
有頂天ホテル』의 첫 부분에 나오는 장면입니다.

배우 야쿠쇼 고지役所 広司가 연기하는 호텔 아반티의
부지배인 신도. 어느 날 라운지로 와달라는 직원의 호출을
받습니다. 신도는 식사하고 있는 커플 중 남성 고객이
테이블에 놓인 '재떨이'를 '앞접시'로 착각해 사용하고
있다는 보고를 받죠.

신도는 아주 잠깐 생각하고는 "당장 모든 테이블에서
재떨이를 치우세요. 그리고 새로운 재떨이를 준비해주세요.
되도록 기존 것과 모양이 달라야 합니다. 회의실에 있는
게 좋겠네요."라고 지시합니다. 모든 테이블의 재떨이를
교체하면 '재떨이인 것'을 '앞접시였던 것'으로 할 수
있습니다. 다른 직원이 "그렇게까지 하라고요?"라고 묻지만,
신도는 "헷갈리는 재떨이를 둔 우리 잘못입니다."라고
답합니다.

객관적으로 보면 그것은 재떨이입니다. 재떨이로 쓰라고
각 테이블에 둔 것인데, 부지배인의 임기응변 덕분에
'앞접시였던 것이 되었죠'. 즉, **처음부터 앞접시였던 것으로
만드는'** 대책입니다. 부지배인은 과거를 바꿔버린 것입니다.
이는 카프카의 편지와 같은 형식의 돌봄입니다.

인형을 잃어버린 여자아이에게는 '죄책감'을 새로운
이야기로 고쳐 써주었고, 재떨이를 앞접시로 착각한
손님에게는 곧 찾아올 '수치심'을 미리 막아주었습니다.
다시 말해 죄책감과 수치심이라는 '디버프'를 풀고 '버프'를
걸어서 축복을 건넸다고 할 수 있죠.

존재의 긍정.

"당신은 그 무엇도 잘못하지 않았다."

이런 메시지를 건네는 것.

이것이 돌봄의 본질입니다.

이 메시지는 버프이며, 축복입니다.

타인을 이해하는 첫걸음은 아무리 일탈적으로 보이는
행위를 해도 저 사람에게는 소중한 일일지 모른다고 판단을
보류하는 것입니다. 그런 시선을 뒤따라 다정한 언동이
나타나죠.

언어놀이에서 낙오된 사람, 낙오될 위치에 처한 사람이
있습니다(인형을 잃어버린 여자아이, 호텔의 남자 손님,
그리고 만화 『원피스』의 가이몬). 이대로 가면 그 사람들은
상처를 입습니다. 그런 타인의 상처에 이끌려서 돌봄이
일어납니다. 아니면 이후 닥쳐올지 모르는 '상처의 예감'에
이끌리기도 하죠. 상처의 예감에 이끌리지 않은 선행과
시혜를 우리는 위선이라 부릅니다.

돌봄은 곧장 타인의 상처로 향해서 상처 입은 그 사람
자체를 돌봅니다. 그리고 그때 돌봄의 시선은 '당신은 그
무엇도 잘못하지 않았다.'라고 알려주죠.

돌봄이 이루어질 때, 이야기는 전환됩니다. 극이 변합니다.
상처의 이야기가 축복의 이야기로 변합니다.

아니, 이야기를 새롭게 말함으로써 과거의 일을 개편하는 것
자체를 돌봄이라 부릅니다.

카프카, 호텔의 부지배인 신도, 그리고 「시작하며」에 등장한

『원피스』의 루피. 이 세 사람은 어린 여자아이, 남성 고객, 가이몬이 각자의 극에서 계속 춤출 수 있게 해준 것입니다. 앞서 인용한 『댄스 댄스 댄스』의 일부를 떠올리길 바랍니다. 우리는 계속 춤출 수밖에 없습니다. 하지만 그러는 와중에 때로는 상실과 실패를 경험하며 상처를 입습니다. 타인이 내 소중한 것을 아껴주지 않아서, 내가 소중한 것을 충분히 아끼지 못해서 상처를 입습니다. 혹은 사회의 규칙, 규범에 잘 적응하지 못해서 상처를 입습니다. 그래서 돌보는 사람은 눈앞에 있는 타인이 어떻게든 계속 춤출 수 있도록 극 자체를 바꿔버립니다. 언어놀이를 다시 엮습니다. '이건 처음부터 이런 극이었다.'라고.

지금 말한 것은 결코 특수한 사례가 아닙니다. 일본의 국민 가수 마쓰토야 유미松任谷 由実는 이렇게 노래했습니다.

> 그대는 댄디라이언
> 상처 입은 날들은 그를 만나기 위해
> 그래 운명이 준비해준 소중한 수업
> 지금 멋진 여성이 돼*

---

* 松任谷 由実(作詞·作曲·歌), 「ダンデライオン～遅咲きのたんぽぽ」角川レコード 1983.

그를 만나기 전에 과거의 어떤 일은 그저 상처였습니다.
하지만 그를 만나면서 그 상처는 자신에게 소중한 그와
만나도록 이끌어준 수업이 되었죠. 그렇게 상처의 이야기가
재편된 것입니다. 이어지는 상황과 장면에 따라 극 전체가
처음과는 다른 극으로 변모합니다. 그런 의미로 이것은 자기
돌봄self-care이라 할 수 있습니다. 하지만 이 자기 돌봄은
그라는 존재에 이끌려서 이루게 되는 돌봄입니다. 그래서
'자기 돌봄'이라는 말은 오해를 사기 쉬울지도 모릅니다.
정확히 말하면 타인에게 이끌려서 그와의 마주침을 계기로
자기 내면의 이야기가 개편된 것, 극이 새롭게 쓰인 것입니다.
자기 돌봄은 '하는 것'이 아니라 '되는 것'입니다.

사랑에는 도약이 필요하다

자기 돌봄을 '하는 것'이 아닙니다. 어느 우연한 계기로
말미암아 자기 돌봄이 '되는 것'이죠. 그래서 자기 돌봄은
기획해서 실행할 수 없습니다. 본래 자기 돌봄은 내
언어놀이의 바깥에서 내 곁으로 찾아오는 것입니다. 그에
비해 '기획'은 현재를 원인 삼아 결과적으로 미래를 바꾸는,
현재에서 미래로 향하는 통상적인 인과의 흐름을 따릅니다.

돌봄은 나의 현재와 미래가 원인이고, 과거는 결과입니다.
인과의 흐름이 반대인 것이죠.
우리는 최선을 다해 현재를 살아감으로써 과거에 개입할 수
있습니다.
소급적으로, 사후적으로 과거를 만들어낼 수 있습니다.
돌봄과 이타에서는 이 역방향의 인과가 일어납니다.
이야기가 전환된다는 말은 **언어놀이가 바뀐다**는 것을 뜻합니다.
카프카의 일화에서는 여자아이가 인형을 잃어버리면서
일어난 인형과의 소통 단절이 '편지를 통한 대화'라는
놀이로 전환되었고, 『더 우초텐 호텔』의 에피소드에서는
'재떨이'로 사용한다는 언어놀이가 '앞접시'의 언어놀이로
바뀌었습니다. 그러니 카프카와 호텔 부지배인 신도는
'윤리를 따르는 사람'인 것입니다. 왜냐하면 그들이 눈앞의
사람에게 건넨 응답은 미리 준비된 모범 답안이 아니라
그때 그 상황에 맞춰 만들어진 정답이기 때문입니다.
종종 '사회에 나가면 정답이 없는 문제를 풀어야 한다.' 같은
말이 쓰이는데, 부정확하고 불성실한 말입니다.
정답은 있습니다. 그 정답은 권위 있는 자가 미리 준비한
확고한 모범 답안이 아닙니다.
내 행위가 '정답이었던 것이 되는', 그런 형식의
소급적·사후적 정답이 틀림없이 존재할 수 있습니다.

정답을 제작한다.

삶이란 그런 창조적 행의를 거듭하는 것입니다.

그에 비해 경직된 도덕 세계의 주민은 "인형을 잃어버리지 않도록 앞으로 조심하자."라고, "그건 앞접시가 아니라 재떨이입니다."라고 주의를 주겠죠.

경직된 언어놀이 내부에서는 '그랬던 것이 되다'라는 변화의 계기가 존재할 수 없습니다.

우리 앞에는 '그랬던 것이 되다'리는 형식으로 언어놀이가 변경될 가능성이 열려 있습니다.

그렇지만 현재의 언어놀이에 집착하는 사람에게는 그런 자유가 없죠.

영화 「아이, 로봇」에서 윌 스미스가 연기한 스푸너 형사의 로봇에 대한 분노와 불신의 이유를 떠올려보길 바랍니다.

스푸너는 로봇이 합리적인 판단밖에 하지 못하기 때문에 로봇을 호모 사피엔스의 파트너로 보지 않았습니다.

로봇은 불합리한 도약을 하지 않습니다. 로봇은 그저 도덕에 집착할 뿐입니다. 로봇은 언어놀이를 전환할 용기를 품을 수 없습니다. 언제 어디서나 '올바른'(=이미 정해진 언어놀이에 충실한) 언동밖에 하지 못합니다. 그래서 신뢰할 수 없는 것입니다. 프로그램대로 행동하는 로봇은 결국에 도덕 세계의 주민일 수밖에 없습니다.

사랑에는 도약이 필요합니다.

사랑이란 '그랬던 것이 되다'라는 형식을 따르는 도약의 또 다른 이름입니다.

지금까지 이어진 과거의 언어놀이를 다른 언어놀이였던 것으로 하다.

용기를 품고, 솟구쳐 뛰는 것.

눈앞에 있는 타인의 상처와 비애를 달래기 위해 이 언어놀이에서 뛰쳐나가는 것.

소중한 타인을 이처럼 사랑하기 위한 매뉴얼 따위는 존재하지 않습니다. 그렇게 단단히 굳어져 고정된 극은 존재하지 않기 때문입니다.

그러니 당신의 사랑이 실패한다 해도, 그건 당신 책임이 아닙니다. 사랑이 결국 사랑이 되지 못했다고 해도, 당신이 잘못했다는 뜻이 아닙니다. 누군가를 잘 사랑할 수 없었다고 해도, 그건 어쩔 수 없는 일이라고 생각합니다.

왜냐하면, 그 사랑에는 따라야 하는 매뉴얼 같은 것이 처음부터 존재하지 않았기 때문에.

당신이 불합리성과 불확실성의 바다에 뛰어들 때, 그 모습이 아름답다고 생각해주는 사람이 분명히 있습니다.

그 사람을 위해 날아오르자.

언어놀이를, 극을, 새롭게 쓰자.

이타란 상대를 바꾸려 드는 것이 아니라

자신이 바뀌는 것

'관리'에 씐 우리

2장과 6장에서 '이타는 언어놀이의 붕괴(패배)로부터
나타난다.'라고 했습니다. 돌봄에 타인의 마음이 지닌
우발성, 예측 불가능성 같은 양상이 있다면, 그 성질에
따라 돌봄인 것과 돌봄이 아닌 것 사이에 경계를 그을
수 있습니다. 그 경계선 너머에는 대체 무엇이 있을까?
그걸 자세히 볼 수 있다면, 무엇이 돌봄을, 나아가 이타를
방해하는지 드러날 것입니다.

결론부터 적겠습니다.

예측 불가능성의 반대 개념은 **관리** 혹은 **지배, 제어**입니다.
그리고 현대를 살아가는 우리는 이 '관리'에 씌어 있습니다.
그래서 우리는 돌봄 및 이타를 어려워하게 되었습니다.

이게 무슨 이야기일까요?

한번 우회해서 생각해보겠습니다. 이런 구체적인 질문은
어떨까요.

'질책'은 돌봄일까?

질책은 그 사람의 소중한 것을 함께 소중히 아끼는
행위일까요?

아마 이렇게 답하는 분이 많을 듯합니다. '화내는 것'은
한쪽의 일방적인 감정으로 일어나지만, '질책'은 적절한
행동과 모습으로 이끄는 것이기에 상대방에 대한 돌봄이다.
그렇지 않습니다.

무라나카 나오토村中 直人는 '사람은 어째서 질책할까?'라는
질문에 "그건 결국 그 사람이 '변하길 바라기' 때문"이라고
답합니다. 질책은 상대방을 바꾸기 위한 것이라고요.

> '질책'이라는 행위는 질책하는 쪽이 바라는 '바람직한
> 모습' 혹은 '하길 바라는 일'을 실현하기 위한
> 수단입니다.*

이 인용문은 지극히 중요한 점을 지적합니다. 질책이라는

───── * 村中 直人, 『〈叱る依存〉がとまらない』紀伊國屋書店 2022, p.29.

행위에는 '질책하는 쪽의 욕망'이 숨어 있다는 점이죠. 더
나아가 다음처럼 '질책'을 정의합니다.

> 말을 이용해 부정적인 감정(공포, 불안, 고통, 슬픔 등)을
> 경험하게 해서 상대의 행동과 인식에 변화를 일으키고 내
> 마음대로 제어하려는 행위.[*]

훌륭한 정의라고 생각합니다. 핵심은 "부정적인 감정을
경험하게 해서"라는 부분입니다. 무라나카는 언급하지
않았지만 '수치심'이나 '죄책감'도 부정적인 감정에
포함되겠죠. 애초에 수치심과 죄책감(후회)은 다윈이
고찰한 대로 인간과 인간 외의 동물을 구별하는 특징입니다.
그리고 그런 감정 때문에 우리는 명확한 처벌이 없어도
스스로 사회적인 존재로 적응할 수 있고, 자기도 모르게
적응하고 말죠.
'질책'에 관한 인용문에 등장한 단어와 표현은 전부 이
책에서 다룬 돌봄의 정의에 반하는 것입니다. 왜냐하면
돌봄은 돌보는 사람의 욕구에 기초해서 이뤄지는 것이
아니기 때문입니다. 돌봄이란, 돌봄을 받는 사람의 '소중한

———— * 같은 책, p. 34.

것'을 중심으로 엮이는 행위입니다. 그렇기 때문에 '질책'은 분명히 돌봄의 반대 개념 후보라고 할 수 있죠. 돌봄도 질책도 분명히 타인과 관계를 맺는 방식의 일종이지만, 그 관계의 화살표가 시작되는 지점이 정반대입니다.

돌봄은 **당신으로부터** 시작된다.

질책은 **나로부터** 시작된다.

돌봄은 상대방의 상처에 이끌려서 내가 움직여지고, 그 결과 상대방과 나 사이에 일어나는 것이다.

그에 비해 질책의 뿌리에는 나의 바람, 즉, **상대방을 바꾸고 싶다, 상대방이 바뀌었으면 좋겠다는 욕망**이 있다.

당신은 잘못하지 않았다

더욱 파고들어 말하면, 돌봄과 질책의 차이는 명백합니다. 돌봄의 핵심은 '당신은 잘못하지 않았다.'라고 알려주는 것입니다. 그에 비해 '질책'이라는 개념 속에는 '당신은 잘못하고 있다(그래서 지금 내가 이렇게 당신을 질책하고 있다).'라는 메시지가 담겨 있죠. 왜 내가 지금 당신을 질책하고 있을까? 당신이 잘못했기 때문이다.

그렇기 때문에 이 장의 첫머리에서 사건성이 그 본질에

있는 이타의 반대 개념은 관리, 지배, 즉 상대를 제어하려는
욕망이라고 한 것입니다. 이런 욕망의 어두운 점을 한 가지
더 이야기해보겠습니다. 바로 질책으로 대표되는 관리와
제어에 기초한 관계는 가성비가 지나치게 좋다는 것입니다.
그 때문에 무라나카가 지적한 대로 사람들이 질책에 '의존',
즉 병적인 강박 상태obsession에 빠지고 마는 것입니다.
좀더 자세히 살펴보죠.
질책하는 사람, 다시 말해 제어하려 하는 사람에게는
'당신은 잘못하고 있어. 그러니까 내가 당신을
이끌어줄게.'라는 태도가 '선한 행위'로 보입니다. 자신은
지금 좋은 일을 하고 있다는 자기 인식을 쉽사리 손에
넣을 수 있죠. 심지어 질책을 받은 상대방이 반박하지
못하고 입을 다물거나 그 후 (상대방이 납득하지 못했지만
마지못해서라도) 행동이 변화한다면, 자신의 행위로 타인을
변하게 했다는 자기효능감도 획득할 수 있습니다.
그렇지만 이런 관계는 공정하지 않습니다. 무라나카는
'상대방을 바꾸려 하는 수단'으로서 '질책'이 성립되는 전제
조건 중 '권력의 비대칭성'이 있다고 했습니다. 그러고 보면
사람은 자기보다 높은 자리에 있고 힘 있는 사람을 바꾸려
하지 않는 법입니다. 아니, 그렇다기보다는 그 정의상
상대를 바꿀 수 없죠. 내가 더 약한 입장이니까요.

권력이란 무엇인가. 한 마디로 '상황을 정의하는 권리'라고 여기는 사고방식이 저에게는 가장 와닿습니다. 구체적으로 말하면 그 상황에서 무엇이 올바르고 무엇이 나쁜지, 어떤 행위가 요구되고 어떤 행위가 금지되는지 결정하는 권한을 갖고 있는, 결정해도 되는 입장에 있는 것입니다.*

권위, 즉 그 '상황을 정의하는 권리'를 가진 사람, 그 자리에서 펼쳐지는 언어놀이가 어떤 언어놀이인지 결정할 수 있는 사람, 다시 말해 극을 설정하는 사람이 상대방을 이용해서 만족감을 손에 넣는 구조가 질책에는 있습니다. 극을 설정할 수 있다는 말은 상대방을 그 극, 언어놀이에서 배제할 수도 있다는 뜻입니다. 다시 말해 질책의 태도에는 '강제'가 있는 것입니다.

'**당신**은 잘못하고 있어. 그러니까 내가 당신을 이끌어주지.' 이것과 반대되는, 진정한 의미로 윤리적인 말은 다음과 같지 않을까요.

'**나는** 잘못하고 있는지도 몰라. 그러니까 당신이 나를 이끌어줘.'

———— * 같은 책, p. 30.

이 말에 '강제'는 없습니다. 스스로 인식하고, 스스로 선택한
것이죠. 이런 바람을 받아들이고 응하는 것이 바로 돌봄이라
생각합니다.

'기다림'이 바로 그런 사례입니다. 만약 상대방이 변하길
바란다면, 그 사람이 '나는 잘못하고 있다.'라고 깨달을
때까지 기다리는 것이죠. 그러다 적절한 타이밍이 오면
놓치지 않고 곧장 응하는 것.

물론 고통과 고행이 사람을 성장으로 이끄는 때도 있습니다.
하지만 그걸 당사자 외에 다른 사람이 강제하고 강요하는
것과 스스로 고통과 고행을 굳이 선택한 뒤 감내하는 것
사이에는 매우 큰 차이가 있습니다. 완전히 반대되죠.
거듭해서 말하지만, 돌봄은 '당신'으로부터 시작됩니다.
'당신의 상처'로부터 시작되는 것입니다.

거짓말을 할 때, 정신은 혼란해진다

자, 제가 말하고자 하는 것은 '질책'은 악이며, 돌봄이야말로
선이라는 것이 아닙니다. 제가 짚고 싶은 것은 질책은
돌봄이 아니며, 둘은 전혀 다르다는 점입니다. 돌봄과
질책을 잘못 이해해서 '나는 너를 위해 질책하는 거야.'라고

믿는 것은 우리 정신의 안녕을 흔듭니다.

왜냐하면 그런 믿음은 자기기만이기 때문입니다.

말은 "너를 위해서야."라고 하지만 결국에는 자기가 상대방을 제어하고 싶을 뿐입니다. 하지만 사람은 종종 그 사실을 깨닫지 못하고, 망각하고, 자신의 내면에 모순을 품게 됩니다.

자신을 속이는 것은 가장 경계해야 하는 일입니다. 왜냐하면 일단 자기기만을 해버리면, 그것에 일관성이 있도록 무한한 노력을 해야 하기 때문입니다. 마치 '별생각 없이 해버린 거짓말'과도 비슷하죠. 거짓말은 그 정의상 현실과 일치하지 않지만, 그럼에도 그 이야기에는 더더욱 치밀한 '정합성'이 필요합니다(어설픈 거짓말은 금방 들키니까요).

이 '정합성'과 '일관성'이 문제입니다.

거짓말을 할 때, 정신은 혼란해집니다.

왜냐하면 그 거짓말이 현실과 일치하지 않기 때문입니다.

우리는 보통 현실에 기초해서 기억을 이야기하고 서로 소통합니다. 그렇다면 그 소통에 자기기만이 있는 경우에는 무슨 일이 일어날까요? 바로 현실 왜곡입니다.

거짓말을 하는 사람은 지금까지 자신이 한 언동의 정합성, 일관성을 지키기 위해서 현실을 왜곡할 수밖에 없게 됩니다. 그렇게 자기기만은 현실과 우리의 접점을 앗아갑니다.

자기기만 때문에 우리는 끝없이 의미 없는 1인극을
계속해야 하죠.

그러니 질책할 때는 자기기만을 하지 말고 솔직하게 '네가
그러지 않으면 내가 곤란하니까.'라고 인정하면 됩니다.
이건 결코 너를 위한 것도 무엇을 위한 것도 아니고, 이
조직의 규칙이니까. 그렇게 잘라 말하면 되는 것이죠. 그런
메시지를 가식적인 선의로 포장하는 것만 피하면 됩니다.
내가 지금 화나서 질책한다고 해도 됩니다. 당신에게는 주위
사람들을 향한 돌봄이 부족하다. 그렇게 똑바로 지적하면
되는 것이죠.

돌봄은 반드시 한 방향으로만 흐르지 않습니다. 모든 사람은
때로 돌보고, 때로 돌봄을 받습니다.

'항상 주위 사람을 돕고 돌보는 선량한 나'라는 자기
이미지에 얽매이는 걸 자제하는 것이 중요합니다. 이 점을
착각하면 세계를 올바르게 파악하는 것에 계속 실패하여
결국에는 병적인 상태에 이르고 맙니다(예컨대 나쓰메
소세키의 소설 『마음』에 등장하는 '선생님'의 인생을
떠올려보길 바랍니다).

그렇다면 상대방을 제어하려 하는 것으로부터 멀리 떨어진
장소는 대체 어떤 곳일까요.

그곳은 타인을 바꾸려 하는 것이 아니라 자신이 바뀔 때

우리 곁에 다가옵니다.

그리고 그곳에서 이타가 나타납니다.

앞 장에서 소개한 카프카의 '인형이 쓴 편지'도, 『더 우초텐 호텔』의 '앞접시였던 것이 된 재떨이'도, 틀림없이 거짓말, 허구이긴 합니다. 하지만 그 두 가지가 돌봄일 수 있는 이유는 모두 거짓말하는 동시에 일관성과 정합성을 지키기 위한 노력도 했기 때문입니다. 카프카는 여행을 떠난 인형이 다시는 돌아오지 않는다는 사실을 여자아이가 받아들이도록 세심하게 인형의 새로운 생활을 묘사했고, 호텔의 부지배인은 모든 테이블에서 재떨이를 치우고 누가 봐도 재떨이다운 재떨이를 새로 두었습니다. 이야기로 언어놀이에 소급적인 개편을 하는 돌봄은 그처럼 "무질서를 대신하는 질서"를 회복시킵니다. 그래서 "거짓말을 허구의 진실에 의해 진실로 전환해야만" 하는 것이죠.

그 때문에 돌봄에는 자기 변화의 계기가 내재되어 있습니다. 그와 관련한 어느 이야기를 소개하겠습니다.

자신의 프로그램을 스스로 새롭게 쓰다

마쓰이 유세이松井 優征의 『암살교실』*이라는 만화를

아시는지요.

『암살교실』은 지구를 파괴할 수 있는 능력이 있으면서도
어느 날 갑자기 중학교 담임교사로 부임한 초생물 '살생님',
그리고 그에게 가르침을 받는 동시에 그를 암살하는 임무를
수행해야 하는 중학생들이 펼치는 이야기입니다. 처음에는
중학교 선생님이 된 살생님의 의도를 알 수 없지만, 어쨌든
그는 학생들을 해칠 생각이 전혀 없고 오히려 이야기가
진행될수록 훌륭한 교육자의 모습을 보여줍니다.

그런데 이 만화에는 인공지능이 마음을 지니는 일에 대해
보여주는 에피소드가 등장합니다.

커다란 상자 모양의 기계에 담긴 인공지능(나중에 반
친구들이 '리츠'라는 이름을 지어줍니다)이 살생님의 반에
전학을 옵니다. 인공지능은 첫날부터 수업 중임에도 개의치
않고 살생님을 향해 총을 난사하죠(참고로 학생들이 쏘는
총알은 살생님에게만 피해를 입히고 인체에는 무해한
BB탄 같은 것입니다). 이튿날, 수업을 방해받은 다른
학생들이 인공지능을 테이프로 고정해서 총을 쏠 수 없게
만듭니다. 살생님은 인공지능에게 '다른 학생들과 협력할
것'을 제안하고, 인공지능은 제안을 받아들이지만 "방법을

———— * 마쓰이 유세이 지음, 『암살교실 1~21』 학산문화사 2013~2018.

모릅니다."라고 답합니다. 그러자 살생님은 자신이 준비한 협력 행동에 필요한 소프트웨어와 추가 메모리를 설치해서 인공지능을 개량합니다. 인공지능은 몸체에 새롭게 달린 모니터로 여학생의 모습을 하고 주위 학생들과 교류하기 시작하고, 이윽고 반 친구들은 '자율사고 고정포대'라는 정식 명칭 대신 '리츠'라는 이름을 지어줍니다.

그렇지만 이런 변화를 본 리츠의 개발자는 자신이 만든 기계가 살생님에게 멋대로 개조당한 데다 암살과 상관없는 요소까지 설치된 것을 알고 "지금 당장 분해다. 암살에 불필요한 건 전부 제거해."라며 리츠를 원래대로 되돌립니다. 즉, 초기화한 것이죠.

"개발자(부모)의 명령은 절대적이야."

"…네, 마스터."

그리고 전학 첫날처럼 다시 반 친구들을 무시하고 총을 난사하는가 싶었던 순간, 리츠는 총이 아니라 자신의 내부에 있는 3D 프린터로 만든 꽃다발을 내밉니다.

"꽃다발을 만들어주겠다고 약속했습니다."라고 말하는 리츠(실제로 초기화 전에 반 친구와 약속했습니다).

"살생님은 제 본체 총 985개소에 개량을 실시했습니다. 그 대부분은… 개발자(마스터)가 '암살에 불필요'하다고 판단해서 삭제·철거·초기화되고 말았습니다."

"제가 학습한 저희 반의 상황으로부터 저는 '협력 능력'이 암살에 필수적이라고 판단했고, 삭제되기 전에 관련 소프트웨어를 메모리의 구석으로 숨겨두었습니다."라고 리츠는 설명합니다.

설명을 들은 살생님이 "대단해. 다시 말해 리츠는."이라고 말하자 리츠는 "네, **제 의지로 낳아준 부모(마스터)를 거슬렀습니다.**"라고 싱긋 웃으며 답하죠.

이 에피소드에는 인공지능이라는 단순한 프로그램이 마음을 갖기에 이르는 요소가 담겨 있습니다.

초기 설정으로는 그저 목표를 포착하고 탄알의 궤도와 속도를 계산해서 최적화하는 프로그램, '자율사고 고정포대'라는 기계에 지나지 않았지만, 다른 주체들과 협력, 연계, 연대를 배우면서 공동체의 구성원들로부터 '리츠'라는 고유명을 받았습니다. 단순한 시스템에서 주체agent로 향하는 첫걸음을 디딘 것이죠.

이 에피소드에서 제 마음을 울린 부분은 리츠의 "꽃다발을 만들어주겠다고 약속했습니다."라는 대사였습니다. 리츠는 약속을 지키기 위해서 자신의 의지로 부모(=시스템)를 거역한 것입니다.

이 이야기에 있는 것을 철학 용어로 표현하면 자기 언급self-reference이라는 현상입니다.

리츠는 자신의 프로그램을 스스로 새로 썼습니다.
'리츠'라는 이름을 지닌 독자적인 주체로서 자신이 설
무대와 극을 **새로 만들어낸 것**입니다. 리츠는 자신의 극을
스스로 선택했습니다. 새로운 극, 새로운 언어놀이를
살아가게 된 순간이죠. 그렇기 때문에 이 장면까지 읽은
독자들은 리츠에게서 마음을 찾아낼 수 있습니다.
여담이지만 『암살교실』에서 살생님은 '질책하다'나
'지도하다' 같은 말을 쓰지 않습니다. 그는 '손질하다'라고
합니다. 저는 그 표현에서 학생이라는 존재에 대한 경의와
존중을 느낍니다. 학생들은 어른들이 개입하기 전부터
이미 한 사람의 주체입니다. 학생들에게 관여하는 것이
가능하다면, 그 관여는 마치 식물을 생명으로서 존중하며
스스로 성장해낼 수 있는 존재라고 축복하는 행위, 즉 '손질'
같은 것이어야 한다. 그런 각오와 기운이 살생님의 언동에서
느껴집니다.

매뉴얼보다 상위에 있는 판정

4장에서 "시스템이 그 내부에 있는 인간을 움직이는 규칙을
정리한 것이 '매뉴얼'"이라고 적었습니다. 리츠는 '매뉴얼을

    7장 이타란 상대를 바꾸려 드는 것이 아니라 자신이 바뀌는 것

따라야 할까, 아니면 따르지 않아야 할까'라는, 매뉴얼에
필연적으로 담길 리 없는 규범을 스스로 선택했습니다.
주어진 매뉴얼보다 상위에 있는 판정을 스스로 내린 것이죠.
곰곰이 생각해보면 '우리는 왜 매뉴얼을 따라야 할까?'라는
의문에 답할 수 있는 매뉴얼은 이 세상에 존재하지
않습니다. 매뉴얼이라 불리고 알고리즘이라 불리는 것의
대부분은 '이 매뉴얼(알고리즘)을 따라라.'라는 명령을
원리적으로 내릴 수 없죠.
왜 그럴까요?
지금 눈앞에 한 권의 매뉴얼, 한 묶음의 작업절차서가
있다고 해보죠. 그 문서에는 항목별로 쓰인 문구, 여러
분기가 포함된 순서도, 혹은 질의응답 일람이 있을
것입니다.
아무런 선입견 없이 그 매뉴얼을 바라보고 있으면, 어느
사실을 깨닫게 됩니다.
'이 매뉴얼에 따라라.'라는 명령이 포함되지 않은 것을.
당신은 바로 윗사람에게 "왜 이 매뉴얼을 따라야 합니까?
이 매뉴얼에는 따라야 한다는 말이 전혀 적혀 있지
않은데요."라고 납득할 수 없음을 밝힙니다.
그러면 윗사람은 '거 참, 고지식하네.' 같은 생각을 하면서
그 매뉴얼 A의 마지막에 "당신은 이 매뉴얼을 따라야

한다.”라는 문장을 덧붙입니다. “자, 이거면 됐지. 매뉴얼
B '당신은 이 매뉴얼 A를 따라야 한다'. 매뉴얼 B를
만들었으니까 잘하도록 해.”라고 지시하는 윗사람.

그렇지만 당신은 문제가 전혀 해결되지 않았음을 깨달을
것입니다.

“저, 이 새로운 매뉴얼 B를 왜 따라야 하는지가 쓰여 있지
않은데요.”

이쯤에서 윗사람은 자신이 지금 허무에 다다르는 심연을
들여다보고 있음을 깨닫습니다.

매뉴얼 C '당신은 이 매뉴얼 B를 따라야 한다'. 그것에
따르라는 명령을 담은 매뉴얼 D, E, F….

명령의 무한 후퇴infinite regress.

매뉴얼 C는 매뉴얼 B에 따르라고 명령할 수는 있지만,
C 자신을 따르라고 명령할 수는 없습니다. '당신은 이
매뉴얼을 따라야만 한다.'라는 문구를 덧붙이는 순간, 원래
매뉴얼과 다른 것이 되기 때문이죠.

즉, 어떤 명령이 가능해지려면, 그 명령 내용보다 상위의
기준이 존재해야 합니다.

이건 단지 책상 위에서만 이뤄지는 사고실험이 아닙니다. 이
구조를 따르는 일상적인 사례를 설명하겠습니다.

“어떤 저명한 학자가 ○○라고 말했으니까, 나는 그걸 그냥

받아들였을 뿐이야.”라는 변명에는 설득력이 전혀 없습니다. 왜냐하면 “수많은 지식, 견해, 정보원, 발신자, 문헌이 있는 와중에 왜 너는 그 학자의 발언을 선택했어?”라는 질문에서 벗어날 수 없기 때문입니다.

지금까지 이야기한 것을 정리하면, 우리는 어딘가에서 자신의 의지로 매뉴얼 밖을 향해 도약하고 있다는 말이 됩니다. 달리 말하면 나는 그저 어느 시스템의 강요와 명령을 따랐을 뿐이라는 변명은 무효하다는 뜻이죠. 왜냐하면 “당신은 어째서 스스로 그 시스템에 종속되었습니까?”라는 질문을 받을 수밖에 없기 때문입니다.

요약하면 우리는 언제 어디서든 반드시 스스로의 의지로 무언가를 선택하고 있다는 말입니다.

이 대목에서 앞서 논했던 ‘그랬던 것이 되다’라는 키워드가 다시금 대두됩니다. 명령 자체에 ‘이 명령을 따라라.’라는 메시지가 포함되지 않는 이상 ‘명령(매뉴얼)을 따랐을 뿐.’이라는 것은 결국 ‘나는 이 명령(매뉴얼)을 선택했다.’라는 과거의 사실로 귀결됩니다. 명령을 따름으로써 내가 그 명령을 ‘선택했던 것이 된다’는 말입니다.

정체성의 개정

무언가를 따르는 것은, 그 무언가를 선택한 것이 된다.

리츠는, 자율사고 고정포대일 것을 그만두고 리츠가
되었습니다.

약속을 지키기 위해서.

타인의 소중한 것을 함께 소중히 아끼기(=약속을 지키기)
위해서 스스로를 바꾸다.

자기 변화란, **기존에 따르던 매뉴얼, 규범, 언어놀이에서
스스로 옮겨가는 현상**을 가리키는 말입니다. 그 말은 곧
자신의 극을 바꾸는 것, 스스로 바뀌고 마는 것이죠.

앞서 이타란 "자신에게 소중한 것보다도 타인이 소중히
아끼는 것을 우선하는 행위"라고 정의한 뒤에 조건을
덧붙여서 "자신에게 소중한 것이 있음에도 불구하고,
타인에게 이끌려서 자신의 소중한 것을 놓아버리는 것"(3장
113면)이라고 새롭게 정의했습니다.

누군가를 위해 **소중한 것을 놓아버림으로써 내가 변한다.**
'그래야 한다'는 명령을 깨고, 스스로 언어놀이를 새롭게
선택한다. 이타란 그렇게 구조화되어 있습니다.

이타는 결코 자기희생이 아닙니다. 왜냐하면 전에는 단순히
희생이라고 여겼을 '나' 자신이 이타를 통해 변화하니까요.

그것을 자기희생이라고 규정하는 내가 더 이상 존재하지
않는 것입니다. 자기희생이란, **내가 변하지 않은 채 무언가를
놓아버리는 것입니다.** 그건 확실히 손실이죠.

우리 인간에게 자신의 정체성(=그때까지 따라온 규범, 규칙,
즉 삶의 방식)은 소중한 것이라고 할 수 있습니다. 하지만
돌봄을 하기 위해 그 정체성을 바꿔야 할 때, 정체성이라는
소중한 것을 놓아버려야 함에도 불구하고 타인의 상처에
대한 예감이 우리를 돌봄으로 몰아붙일 때, 필연적으로
정체성의 변화가 일어납니다.

그럴 때, 우리의 인격은 둘로 나뉠 수 있습니다. 리츠는
낳아준 부모(=마스터) 앞에서는 '초기화된 척'을 했죠.
척하는 것, 거짓말을 하는 것은 고도의 인간적 상태입니다.
왜냐하면 거짓말을 하는 상황에서는 두 사람의 내가
필요하기 때문입니다. 리츠를 예로 들면, '초기화된 척하는
리츠'와 '그러는 것을 자각하고 있는 리츠'라는 두 사람이
필요하죠.

일반적으로 'A를 하는 척하다'라는 행위가 가능하려면
A라는 언어놀이에 참여한 나, 그리고 그런 나를 내려다보는
나라는 두 사람이 필요합니다. 왜냐하면 A를 하는 척하는
나를 내려다보는 내가 없으면, 더 이상 'A를 하는 척'이
아니라 그저 A를 하는 것이 되기 때문입니다. 거짓말도

마찬가지입니다. 거짓말이 계속 거짓말이려면, 연극이
계속 이어져야 합니다. 연극 속에 있는 '1층의 나'와 그
극을 모니터로 바라보는 '2층의 나'가 없으면, 그건 더 이상
연극이 아니라 1층에 있는 나의 삶 자체가 되죠.
우리의 정신은 두 계층으로 나뉘어 있습니다.
그 두 계층을 오갈 수 있는 주체를 '마음 있는 주체'라고
부르는 것입니다.

1층에 있는 나는 이른바 신체적(혹은 동물적) 반사로서의
삶을 살아가는 나라고 할 수 있습니다. 언어놀이 속에
안주해 있는 주체라는 말이죠. 그에 비해 2층의 나는
자신이 따르는 언어놀이를 상대화하고 언어놀이 간 이동을
가능하게 합니다. 지금 말하는 것은 인격의 분열도 모순도
아닙니다. 모순은 'A인 동시에 A가 아니다.'라는 형식을
따릅니다. 얼핏 '척하는 것'도 '거짓말하는 것'도 'A인 동시에
A가 아니다.' 같은 행위라고 보이겠지만, 아닙니다. 그
언행에는 분열도 모순도 없습니다.

여기서 핵심은 '시간'입니다.

'그때는 A였다. 하지만 지금은 A가 아니다.' 이 문장에는
아무런 모순이 없습니다. 과거-현재, 현재-미래라는 시제의
차이가 모순을 해소해주기 때문이죠. 무시간적인 주체,
변화하지 않는 주체에서만 모순이 모순으로 나타납니다.

비트겐슈타인은 그런 발단을 '상相, Aspekt, aspect의 인지'라고
불렀습니다.

이 반전도형은 고개가 왼쪽을 향한 '오리'로 볼 수도, 고개가
오른쪽 위를 향한 '토끼'로 볼 수도 있습니다. 이 그림을
'오리인 동시에 토끼다.'라는 것이 아니라 '방금 전에는
오리로 보였다. 그런데 지금은 토끼로 보인다.'라고 하면 그
말에 모순은 없습니다. 모순이 아니라 변화가 있죠.

비트겐슈타인의 『철학적 탐구』로부터.

상相이란 그 대상의 전체성Gestalt이며, 그 대상의 '별자리적
성질'을 가리킵니다.

이 그림이 오리로 보일 때는 왼쪽의 두 돌기가 '부리'이며,
그에 더해 눈이 있고, 목이 있고, 뒤통수의 우묵한 부분은
오리라는 별자리를 구성하는 별들에 포함되지 않는
자투리로 취급됩니다. 그에 비해 이 그림이 토끼로 보일
때는 왼쪽 두 돌기가 '긴 귀'이며, 오른쪽의 우묵한 부분은

'입'이 되고, 그에 더해 눈과 목에 해당하는 별들까지 함께 별자리를 이루죠.

'상의 인지'를 한 마디로 표현하면 '그랬구나.'입니다. 우리는 무언가를 빠뜨렸다는 걸 깨달을 때 반드시 과거형으로 말합니다. 그럴 수밖에 없죠. A(오리)를 보던 내가 A가 아닌 것(토끼)을 보는 나로 변화한 것이니까요. '오리를 보고 있다.'와 '오리로 보고 있다.' 사이에는 작은 차이밖에 없다고 생가할 수 있지만, 두 문장은 결정적으로 다릅니다. 왜냐하면 전자는 오리가 아닐 가능성을 배제하지만, 후자는 오리가 아닌 것으로 보일 가능성(=토끼라고 구체화할 가능성)을 염두에 두고 있기 때문입니다. 단적으로 말해 전자는 그저 '오리를 보고 있는 나'이지만, 후자는 '오리를 보고 있는 척할 수 있는 나'로 변모할 수 있는 것이죠.

'서사문'의 개념

상相이란 시간적인 사상事象이다.
이와 관련해서 철학자 아서 단토Arthur C. Danto는
'서사문narrative sentences이라는 개념을 제시했습니다.
예컨대 다음과 같은 두 문장이 있습니다.

① 존스는 성냥을 그었다.

② 존스는 자기 소대의 위치를 적에게 알려주고 말았고,
그때까지 지키던 전략적 이점을 부주의하게 잃었다.

두 문장 모두 '존스는 성냥을 그었다.'라는 일에 관한
서술인데, ①은 그 일을 독립시켜서 단독으로 서술한 것에
비해 ②는 '존스는 성냥을 그었다.'라는 과거의 일과 그 후에
일어난 다른 일과의 관련성을 짚으면서 서술한 문장입니다.
단토는 ②와 같은 글을 '서사문'이라고 정의했습니다.

> (서사문의) 가장 일반적인 특징은 시간적으로 떨어진
> 두 가지 이상의 일을 가리켜 보인다는 점이다. 이런
> 경우 둘 중 먼저 벌어진 일만을 (그리고 그에 관해서만)
> 기술한다. 보통 그런 글들은 과거 시제로 쓰인다.[*]

중요한 것은 ② 같은 서사문은 ① 같은 일이 벌어진
순간에는 쓰일 수 없다는 점입니다. 서사문에는 그 정의상
반드시 어떤 일과 이어지는 다른 일의 발생이 필요합니다.

---

[*] アーサー・C・ダント(著), 河本 英夫(譯), 『物語としての歴史』 国文社 1989, p.174. (원서: Arthur C. Danto, *Analytical Philosophy of History*, Cambridge University Press 1965)

실제로 ①이 일어난 순간에 ②의 요소를 이야기하려 하면
다음처럼 되겠죠.

'존스는 성냥을 그었다. 하지만 설마 이 사소한 행위로 그가
자기 소대의 위치를 적군에게 알려주게 되고 그때껏 지킨
전략적 이점을 부주의하게 잃으리라고는, 그때는 도무지 알
수 없었다.'

즉, 서사문이란 이어지는 일로 인해 'ㅇㅇ였던 것이
된다.'라는 형식을 따르는 글입니다.

성냥을 그었던 것은 전략적으로 실책**이었던 것이 된다**.

앞선 장에서 소개한 마쓰토야 유미의 노래 「댄디라이언」의
가사를 떠올려보길 바랍니다. 그 가사에도 서사문이
있습니다. 먼저 일어난 일은 '상처 입은 날들'을 보낸 것, 그
후에 일어난 일은 '그와의 만남'이죠. 시간차가 있는 두 일
사이의 연관, 인과 관계를 이해했을 때, 비로소 그 가사와
같은 말을 할 수 있게 됩니다.

우리는 서사문으로 과거를 바꿀 수 있습니다.

서사문의 갱신으로 말미암아 그 일의 상相, 즉 '그 일의
의미'가 완전히 바뀌고, 우리는 마음을 지니게 됩니다.

흔히 우리는 과거의 어떤 일을 긍정할 수 없기 때문에
현재의 자신을 긍정할 수 없다고 생각합니다. 심적 외상을
남긴 어떤 일이 있었다, 참혹한 일이 있었다, 그렇기 때문에

지금 내가 이렇게 되어버렸다. 이처럼 현재의 자신이
과거를 기점으로 그어진 연장선 위에 있다고 설명하죠.
하지만 서사문의 구조를 고려하면 현재와 과거의 순서는
정반대입니다.
우리는 '현재의 나'를 긍정할 수 없기 때문에 과거를 긍정할
수 없습니다.
왜냐하면 현재의 내 상황과 처지를 납득할 수 있고 충분히
만족한다면, 현재가 과거의 일을 가리키는 서사문을 구성할
수 있고, 그 서사문으로 과거의 의미가 변하기 때문입니다.
나의 과거는 현재의 나라는 입각점에서 비추는
스포트라이트의 빛을 받습니다.
과거라는 그림은 변하지 않습니다. 하지만 그 그림을 '보는
방식'은 바뀝니다. 과거란 일종의 상相이니까요. 그리고
자신의 올바른 이야기를 말할 수 있을 때, 우리는 운명을
깨닫습니다.
비극은 비극으로서, 그 자리에 있다.
그 점은 변치 않는다.
하지만 그 비극을 미래의 어떤 일과 연결하느냐에 따라서
비극의 의미는 달라질 수 있다.
그리고 미래에는 그럴 가능성이 있다.

자기 변화란 서사문의 예상치 못한 개정이다

철학자 슬라보예 지젝Slavoj Žižek은 다음과 같은 구조가 있는
일을 '사건'이라고 불렀습니다.

> 시간여행의 도움을 받지 않고 과거를 바꾸는 일이 어떻게
> 가능할까. 그 해결책을 제시한 사람이 프랑스의 철학자
> 앙리 베르그송Henri Bergson(1859~1941)이다. 물론 과거의
> 사물/현실을 바꿀 수는 없다. 바꿀 수 있는 것은 과거의
> 가상적인 차원이다. 완전히 '새로운 것'이 출현할 때,
> 이 '새로운 것'은 그 자신의 가능성, 그 자신의 원인/
> 조건들을 소급적으로 창조한다. 잠재성을 과거의 현실에
> 삽입하거나 과거의 현실로부터 끌어내는 것이다. 예컨대
> 사랑에 빠질 때는 과거가 바뀌고 만다. 마치 전부터 항상
> 그를 사랑하고 있던 것만 같고, 만나기 전부터 사랑이
> 운명으로 정해져 있었던 것만 같다. 현실의 사랑이
> 그것을 낳은 과거의 원인이 된다.[*]

———— [*] スラヴォイ・ジジェク(著), 鈴木 晶(譯), 『事件!』河出書房新社 2015,
p.119-120. (원서: Slavoj Žižek, *Event: A Philosophical Journey Through
A Concept*, Melville House 2014)

사랑을 신장병 환자와 장기 기증인의 적합성, 또는
구직자와 고용주의 만남과 같은 수준에 둘 수 있을까.
문제는 윤리적인 것이 아니라 거기에 내재된 논리다.
사랑에 빠질 때, 당신은 자신이 무엇을 필요로 하고
무엇을 원하지는 모르는 채 그걸 갖고 있는 사람을
찾는다. 사랑의 '기적'이란 찾아낼 때 비로소 자신이
찾았던 것을 알게 된다는 점이다.[*]

지젝의 글에 등장하는 '소급적'이라는 표현의 의미는 앞서
언급한 서사문의 규정 및 그 사례를 참고하면 이해할 수
있을 것입니다.
그럼 이번에는 인용문에서 언급한 베르그송의 글도
소개합니다.

세계대전 중에 몇몇 신문과 잡지들은 당시의 끔찍한
불안을 외면하고 후에 평화가 복구되었을 때 일어날
일들을 생각하였다. 그것들이 특히 관심을 가졌던
것은 문학의 장래였다. 어느 날 이 문제에 대해 나의
의견을 물으러 온 사람이 있었다. 약간 당황하면서 나는

———— [*] 같은 책, p.142.

아무런 의견도 지니지 않음을 천명했다. 그러자 그는
물었다. "선생은 어떤 가능한 방향들을 적어도 느끼지는
않는가요? 우리가 사물들을 상세히 예견할 수 없다는
것은 인정합시다. 그러나 철학자로서 선생은 적어도
전체의 관념은 지니고 있습니다. 한 예로, 앞으로의
극적인 명저를 어떻게 염두에 두고 있는지요?" 나는
다음과 같은 나의 대답을 듣고 그 상대자가 놀라던
사실을 앞으로도 언제나 기억할 것이다. "만일에
앞으로의 그 극적인 명저가 무엇이 될 것인가를 내가
안다면, 아마 나는 그것을 지금 쓰고 있을 것입니다."
나는 그가 미래의 저술이 마치 가능한 것들을 넣어두는,
말하자면 옷장 속에 틀이 잡혀 있는 것으로 생각하고
있으며, 내가 이미 옛것이 되어버린 철학과의 관계를
고려하면서 그곳에서 옷장의 열쇠를 찾아내야 할
것이라고 생각하고 있음을 분명히 알아차렸다. "그러나
선생이 말하는 그 책은 아직 가능하지 않습니다."라고
나는 말했다—"그렇지만 그것이 실현되기 위해서는
우선 가능해야 하지 않은가요?"—"그렇지 않습니다.
아무리 해도 선생에게 동의할 수 있는 것은 그것이
가능하게 될 것이라는 것뿐입니다."—"그 말은 무엇을
의미하는지요?"—"아주 단순합니다. 재능 있는 사람이나

천재들을 앞으로 나오게 해서 작품을 창조해내게
해보십시오. 그때 그 작품은 실재적이 될 것이며, 오직
바로 그 사실 때문에 회고를 통해, 또는 소급을 통해
가능하게 됩니다. 만일 그 사람이 나타나지 않았더라면,
그 작품은 가능하지도 않을 것이며 또한 가능하지도
않았을 것입니다. 이것이 바로 이 작품이 오늘 가능하게
될지도 모르지만, 아직 그렇지는 않다고 말하는
이유입니다."*

내일이 되면 "어제 그 시점에서 이 작품은 가능했던
것이다."라고 말할 수 있지만, 오늘 현재 시점에서는 그런
가능성을 논할 수도 없다고 베르그송은 말합니다.
가능성은 "옷장" 속에 들어 있지 않다.
가능성은 현실성으로부터 파생적으로 생겨납니다.
현실성이 그 가능성을 낳아서 '그것은 어제 시점에서
가능했던 것이 된다'는 말이죠.

"진지하지 못하군요! 선생은 미래는 현재에 영향을
끼치지 않고, 현재는 과거에 무엇인가를 도입하지도

---

* 앙리 베르그송 지음, 이광래 옮김, 『사유와 운동』 문예출판사 1993,
121~122면, 강조는 인용자가 했다.

않으며, 행위는 시간의 진행을 거슬러 올라가
뒤늦게 그 표식을 남기지는 않는다고 주장하려고
하십니까?"—"그것은 형편 나름입니다. 우리가 실재를
과거 속으로 집어 넣어서 시간에 뒤늦게 작업할 수
있다고 하는 것을 나는 전혀 주장한 바 없습니다. 그러나
우리가 가능적인 것을 과거에 위치시킬 수 있다는 것, 더
정확히 말해서 가능적인 것이 어느 순간에든 과거 속에서
스스로 위치를 잡을지도 모른다는 것은 의심의 여지가
없습니다. 실재가 예측 불가능하다고 새로운 것으로
창조됨에 따라서, 그 상은 실재의 뒤로 치달아 무한한
과거 속으로 반영됩니다. 그리하여 실재는 자신이 옛부터
줄곧 가능적이었다는 것을 알게 됩니다. 그러나 바로 이
순간 실재는 옛부터 언제나 가능적이었음을 시작하는
것입니다. 이것이 바로 실재의 가능성은 실재로는 그
실재성에 선행하지 않지만, 실재가 한번 나타나기만
하면 그 실재성에 선행할 것이라고 말하는 까닭입니다.
따라서 가능적인 것이란 과거 속에 자리하는 현재의
신기루이지요. 그리고 우리는 미래가 궁극적으로 현재가
될 것이며, 신기루 효과가 끊임없이 일어날 것임을 알고
있으므로, 미래의 과거가 될 우리의 현실적인 현재
속에 미래의 상은, 비록 우리가 그것을 파악하지는

못하더라도, 이미 포함되어 있음을 확신합니다. 바로
여기에 환상이 있는 것입니다."*

이 인용문에서 베르그송 또한 '가능했던 것이 된다'를
논하고 있습니다. 지금까지 이 책에서 말해온 대로 시간에
대한 우리의 상식적인 관념을 뒤집는 발상이 그의 글에
있습니다.
과거에 의해 현재가 규정된다, 과거가 원인이 되어 현재라는
결과가 나온다, 하는 인과의 방향이 우리의 상식입니다.
하지만 단토, 지젝, 베르그송이 공통적으로 말하는 것은
상식적인 인과의 역행입니다.
또한 철학자 고쿠분 고이치로國分 功一郎는 『한가함과
지루함의 윤리학』에서 사건이란 "오늘을 어제로부터
구별해주는 것"**이라고 표현했습니다.
자기 변화란, 서사문의 예측하지 못한 개정을 가리키는 다른
말입니다.
이에 대한 부연 설명을 위해 앞서 언급한 『암살교실』 속
리츠의 에피소드에 제 나름의 해석을 덧붙여보겠습니다.
리츠의 경우에서는 어떤 서사문이 생겨났을까요, 아니면

———— * 같은 책, 122~123면.
** 고쿠분 고이치로 지음, 김상운 옮김, 아르테 2025, 65면.

서사문에 어떤 쇄신이 일어났을까요?

리츠의 서사문은 '예전의 내 잘못은 잘못이었기 때문에 옳았다.'라는 것이 아닐까요?

리츠가 인공지능답게 존재하지 않았다면, 살생님의 교실에 가지 못했을 것입니다. 하지만 인공지능다운, 이른바 반사적인 언동으로는 암살이라는 목적을 올바르게 이룰 수 없었죠. 그러니 그때 리츠는 잘못되어 있었던 것인데, 그 잘못 덕분에 그 교실에 갈 수 있었고, 살생님을 비롯한 반 친구들과 만날 수 있었고, 자기만의 이름을 받아서, 약속을 지킬 수 있었습니다.

예전의 내 잘못은 잘못이었기 때문에 머지않아 옳았던 것이 된다.

이 비틀린 문장의 형식이 이타보다 앞서 찾아오는 자기 돌봄의 구조라고 할 수 있지 않을까요.

왜냐하면 그 잘못에 의해 나는 지금 '이곳'에 도달했고, '당신'과 만날 수 있었으니까.

유기체와 상처라는 운명

문명의 역설

지구물리학자이자 에세이스트인 데라다 도라히코寺田 寅彦의
에세이「천재와 국방」중 일부를 소개합니다.

하지만 여기서 한 가지 생각해야 하는, 심지어 툭하면
잊어버리는 요소가 있다. 문명이 발달할수록 자연의
폭위로 인한 재해가 그 극렬함을 더한다는 사실이다.[*]

얼핏 보면 우리의 상식에 어긋나는 이야기 같습니다. 우리는
흔히 문명이 발달하면서 과학과 기술을 활용해 자연재해를

—————— [*] 寺田 寅彦,『天災と国防』講談社学術文庫 2011, p.12.

점점 억누를 수 있게 되었다고 생각합니다. 문명의 초창기에
이뤄진 하천의 치수 공사, 비에 의존하지 않고 농업
생산량을 제어하기 위해 시작된 관개 농업, 현대의 사례로는
내진 구조 건축물을 짓는 설계와 시공 기술. 요컨대 문명은
호모 사피엔스의 '생존' 가능성을 높여주었다고 믿고 있죠.
하지만 데라다는 그렇지 않다고 말합니다.
심지어 그 논리는 매우 간단합니다.

아직 미개한 시대를 벗어나지 못한 인류가 강고한
바위산의 동굴 속에 거주했다면, 웬만한 지진과 폭풍에는
끄떡없었을 것이다. 당시 인류에게는 천재지변으로
파괴될 건축물이 전혀 없었다. 조금 더 문화가 발전해
오두막집을 짓게 되었을 때도 텐트나 판잣집 같은
것이었다면, 지진에는 외려 절대로 안전하고 설령 집이
바람에 날아가도 복구하기 손쉬웠다. 아무튼 그 시대에는
인간이 극단적으로 자연에 순종하여 자연을 거스르는
당치않은 짓을 전혀 하지 않았기에 다행이었던 것이다.
문명이 발달하면서 인간은 점차 자연을 정복하겠다는
야심을 품었다. 중력을 거스르고, 풍압과 수력에
저항하는 여러 인공물을 만들었다. 그리하여 드디어
자연의 폭위를 우리 속에 가두었노라 자신하고 있으면,

    8장 유기체와 상처라는 운명

자연은 대수롭지 않게 우리를 부수는 맹수 무리처럼
날뛰며 높다란 건물을 쓰러뜨리고 제방을 무너뜨리고
인명을 위협하고 재산을 없애버렸다. 그런 재앙을
불러일으킨 원인은 자연에 반항하는 인간의 잔꾀라고
해도 지나치지 않을 것이다. 재앙의 운동 에너지가 될
위치 에너지를 축적시켜서 재앙을 더욱더 크게 키우려는
듯이 노력하고 있는 것은 다른 누구도 아닌 문명인이다.[*]

데라다는 '위치 에너지의 축적'으로 상태가 점점 더
불안정해짐으로써 파국이 닥칠 때 일어나는 재앙의
파괴력이 더욱 강력해지고 만다는 점을 지적했습니다. 저는
이 관점을 좀더 자세히 설명해보려 합니다.
바닥에 어지러이 흩어져 있는 블록들. 어린아이는 블록들을
조심조심 높이 쌓아서 작품을 완성하려 합니다. 그러는 것은
즉, 이 우주에 무수히 많이 흩어져 있다고 여겨지는 물질의
단편을 이용해서 '질서'를 만들려 하는 행위죠.
그 아이에게 이 블록은 여기에 놓여야만 하고, 저 블록은
저 높이에 자리해야 합니다. 그렇지 않으면 눈앞에 있는
것은 그저 블록 조각들의 집합에 지나지 않게 되고, 그것은

———— * 같은 책, p.12-13.

더 이상 일종의 미니어처 정원, 달리 표현하면 유사적

'생활세계生活世界, Lebenswelt'*가 될 수 없죠.

더욱 단순하고 일상적인 사례를 들어볼까요.

'방은 어째서 어질러질까?'라는 질문에 대한 확률적이고

물리학적인 이유입니다.

방은 그냥 방치하면 반드시 어질러집니다.

그 현상은 확률적으로 생각하면 거의 반드시(=꽤 높은

확률로) 일어나죠.

왜 그럴까요?

중요한 것은 '어질러져 있다'고 여겨지는 상태와

'정리정돈되어 있다'고 여겨지는 상태의 비율입니다. 책을

예로 들면, 펼친 책이 탁자의 어떤 위치에 어떤 각도로 놓여

있어도 모두 '어질러져 있다'고 할 수 있습니다. 전선 또한

얽히고설킨 방식이 어떻든 '어질러져 있는' 것이죠. 당연히

마시다 남은 페트병이 냉장고가 아닌 침대 곁에 있어도,

어떤 자리에 있어도, 그 모든 상태가 '어질러진 상태'라는

집합(정확히는 부류)에 포함될 수 있습니다.

그에 비해 '정리정돈된 상태'는 소수의 특정한 상태들만

---

* 과학 등의 학문에서 정립한 객관적 세계와 달리 인간이 평소 일상에서
경험하는 실천적이고 주관적인 세계를 가리킨다. 철학자 에드문트 후설
이 제창한 개념으로 그 후 여러 분야에서 적용되고 변용되었다.

가리키는 말입니다. 책은 책장에 분야별로 배열되고,
텔레비전과 에어컨의 리모컨은 탁자 위에 똑바로 가지런히
놓여야 하고, 머리카락과 먼지는 청소기 속에만 있어야 하는
것이죠. 그처럼 극히 낮은 확률로 일어나는 상태를 우리는
'정리정돈되어 있다'고 말합니다.

그것은 마치 대충 던진 주사위 여섯 개가 '전부 1이 나온
상태' 혹은 '1부터 6까지 하나씩 나온 상태'와 같습니다. 그에
비해서 가령 주사위 여섯 개가 '112456'이나 '233346' 같은
결과를 보여준다면, 우리에게는 그런 상태를 한 마디로
정리할 수 있는 언어적 표현이 없습니다. 그저 '무작위로
결과가 나왔다.'라는 표현으로 한데 뭉뚱그릴 수밖에 없죠.
지금 제가 말하고자 하는 바는 무작위가 아닌 '질서'는 발생
확률이 지극히 낮다는 점입니다.

문명이란 이 세계의 취약성이다

블록과 비슷한 사례인데, '젠가'라는 보드게임을 떠올려봐도
좋겠습니다.
젠가의 승자는 어떤 주체인가요? 눈앞에 쌓여 있는
나무조각들의 집합체에서 '취약성'을 감지하고, 취약한

부분을 피해 전체를 무너뜨리지 않을 블록만 뽑아서 제일
위에 다시 쌓을 수 있는 사람입니다.

그렇다면 젠가는 어떤 놀이일까요?

바로 안정된 상태에서 불안정한 상태로 옮겨가는
놀이입니다.

물론 나무조각들의 탑을 무너뜨린 사람이 지는 놀이지만,
어떻게 보면 젠가는 참가자들이 모두 협력하는 놀이이기도
합니다. 어느 정도까지 잘 쌓아올리면 도중부터 놀이의
목적이 변하는 경우가 있죠.

여기까지 쌓았는데, 다 같이 협력해서 최대한 높이
쌓아보자.

젠가에서 완성된 상태란, 블록이 놀이를 시작한 이래 가장
높은 위치에 놓여 있는 상태입니다.

젠가의 사례처럼 '완성' 혹은 '발전'이란 불안정하고 붕괴될
가능성이 큰 '질서'라는 상태를 가리킵니다. 앞서 인용한
데라다의 글은 이런 맥락으로 이해해야겠죠.

호모 사피엔스는 본능이 아니라 스스로의 의지로
생활세계를 만들어냅니다. 호모 사피엔스의 역사란
생활세계의 복잡성이 증가한 역사이며, 그렇기에
불안정성이 증대된 역사이기도 합니다.

어째서 블록 놀이라는 비유를 가져왔는가 하면, 블록 놀이는

그 작품의 완성도가 높을수록 무너지기 쉽고, 취약하기

때문입니다. 즉, 우리 세계의 생리를 짚기 위해 블록놀이에

비유한 것이죠.

문명이란, 이 세계의 취약성이다.

이를 다르게 말하면 가상성可傷性, 즉 상처 입기 쉬운 성질을

증가시키는 것이 문명의 역할이라고도 할 수 있습니다.

"문명이 발달할수록 자연의 폭위로 인한 재해가 그

극렬함을 더한다는 사실"이라는 주장은 바로 문명의 그런

점을 가리킨 것입니다.

그렇기에 문명은 필연적으로 돌봄을 필요로 합니다.

저는 6장에서 "돌봄은 곧장 타인의 상처로 향해서 상처 입은

그 사람 자체를 돌봅니다."라고 적었습니다.

즉, 문명 또한 우리에게는 돌봐야 하는 타자였던 것입니다.

경제학자 우자와 히로후미는 바로 그 점을 감지했기 때문에

2장에서 살펴봤듯이 자동차의 사회적 비용을 터무니없을

만큼 큰 금액으로 산출했죠.

또한 데라다는 다음처럼 쓰기도 했습니다.

> 문명의 진보를 위해서 인간과 자연 간 관계에 일어난
>
> 눈에 띄는 변화가 더 있다. 바로 인간 단체, 그중에서도
>
> 특히 국가 또는 국민이라 칭하는 유기적 결합이

진화하면서 그 내부 기구의 분화가 두드러지게 진행된
탓에 그 유기계有機系 일부의 손상이 계 전체에 극심하게
유해한 영향을 미칠 가능성이 높아졌고, 때로는 아주
작은 부분의 손상이 모든 계통에 치명적일 수 있게
되었다는 점이다.

단세포동물의 경우에는 개체를 절단해도 잘린 부분이
각각 아무렇지 않게 생명을 유지할 수 있고, 좀더
고등한 절지동물의 경우에도 관절 마디를 절단하면 그
절단면에서 대신할 것이 돋아나는 경우가 있다. 하지만
고등동물은 그런 융통성이 사라지고 가느다란 바늘
하나라도 잘못 찌르면 목숨을 잃게 된다.*

철도 노선의 '직결운행'**이 이해하기 쉬운 사례일 것
같습니다. 다른 노선의 멀리 떨어진 지역에서 운행 지연이나
일시 중지가 발생하면 이쪽 선로 주변까지 영향을 받습니다.
노선들이 그야말로 '유기적 결합'을 한 탓에 일부의 손상이
전체에 영향을 미치고 마는 것이죠. 물론 국가를 하나의
생명체에 비유하는 것은 위험한 일입니다. 전체적인

———— *『天災と国防』p.13.

** 서로 다른 철도 회사의 노선, 혹은 같은 회사의 다른 노선을 한 대의
열차가 직접 연결해 운행하는 방식을 가리킨다. 승객은 환승할 필요가
없고 사업자는 운용 효율성이 좋아진다는 장점이 있다.

생명체를 위해 때로는 국소적 희생이 필요하다고 여겨질
가능성이 있기 때문이죠. 하지만 데라다의 글을 그렇게
읽어서는 안 되겠습니다. 데라다는 정치 체제가 아니라
일종의 자연 현상으로서 '사회'를 논했기 때문입니다.

> 문화가 발달하면서 개인이 사회를 만들고 직업의 분화가
> 이뤄지면, 미개했던 시대와 사정이 전혀 달라진다.
> 천재지변으로 입는 개인의 손해는 더 이상 그 개인만의
> 불편으로 그치지 않게 된다. 마을의 저수지나 공동
> 물방앗간이 무너지면 다수의 마을 사람들은 그 손해의
> 영향을 받았을 것이다.
> 20세기의 오늘날, 이제는 국가 전체가 일종의 고등한
> 유기체가 되었다. 각종 동력을 나르는 전선과 파이프가
> 가로세로로 교차하고, 다양한 교통망이 빈틈없이 펼쳐져
> 있는 양상은 고등동물의 신경이나 혈관과 마찬가지다. 그
> 신경과 혈관 중 어느 한 곳이 고장 나면, 그 영향은 금세
> 전체로 퍼질 것이다.[*]

일본의 3대 SF 작가 중 한 사람인 고마쓰 사쿄小松 左京의

---

[*] 같은 책, p.14.

장편소설 『여기는 일본…』도 비슷한 모티프로 쓰였습니다.
어느 날, 갑자기 이변이 일어납니다. 이변이라 했지만
'세계'의 입장에서는 아무것도 달라지지 않았습니다. 그저
이 세계에서 '인간'만 사라지고 말았죠. 이 소설은 그런
상황에서 벌어지는 일들을 그립니다. 당연하지만 지구에서
한 사람도 남김없이 사라진다면, 오히려 문제가 전혀 남지
않게 되어서 사건도 이야기도 일어나지 않을 것입니다.
이 이야기 속에는 소수의 '사라지지 않은 사람들'이
존재합니다. 전 세계에 흩어져 있는 몇 안 남은 사람들은
어떻게든 서로 연락을 취하고 한 장소에 모이면서 난국에
대처하려 하죠. 그 사람들의 대화에서 지금 논하고 있는
생활세계의 생리가 등장합니다.

이 사회의, 여러 '생활의 편의'라는 건… 전기도 가스도
수도도… 전화도 교통기관도 의료 체제도 식품도… 1억
명의 사람들 중 약 5천만 명이 각자 전문 지식을 갖거나
특별한 기술을 익혀서 함께 분담해온 거예요. '5천만
명의 전문가'들이 나눠 가진 지식과 기술의 총량을
생각해봐요. 그것이, 이 거대한 사회의 기간을 떠받치고
살려왔던 거라고요. 5천만 명이 했던 일을 스무 명 조금
넘는 사람들이 하자니 무리한 일이에요…. 좀 보라고요.[*]

이 글에서 말하는 바는 1억 명 중 약 5천만 명의 돌보는
사람이 있다는, 그런 것입니다.

치료자로 변모하는 환자

자, 다시금 '상처'라는 개념을 살펴보고 싶습니다.
앞서 상처를 다음처럼 정의했습니다.

> 내게 소중한 것이 소중히 여겨지지 않았을 때 일어나는
> 마음의 변화 및 그 기억.
> 그리고 내게 소중한 것을 소중히 여기지 못했을 때
> 일어나는 마음의 변화 및 그 기억.

이 정의에 데라다와 고마쓰의 통찰을 더하면 다음과 같을
것입니다.
유기체는 유기체로 존재하면서 복잡성을 획득했지만,
그 대가로 시스템 내에 '버그'가 발생할 가능성이
올라갔다. 그 때문에 일정 기준 이상 복잡한 유기체에는

———— *小松 左京,『こちらニッポン…』ハルキ文庫 1998, p.399.

'돌봄(=디버그)'이 필요하다.

우리의 마음이라는 유기체, 별자리로서의 복합체에서

버그는 상처라고 불립니다. 그만큼 우리가 지금 하고 있는

수많은 극들은 서로 복잡하게 연결되고 중첩되어 있습니다.

앞서 제가 내린 상처의 정의에서 첫 번째 문장은

자연스러운 정의라고 생각합니다.

그에 비해서 두 번째 문장은 한 차원 위에 있는

이야기입니다.

자신의 소중한 대상이 사람이라고 해볼까요. 우리는

자신의 소중한 사람을 상처 입혔을 때, 마치 그 작용에 대한

반작용이 있는 듯이 자기 자신도 깊은 상처를 입습니다.

'사람을 상처 입히고 말았다.'라는 상처를 입죠.

상처는 다른 상처에 호응하고 공명합니다. 그런 작용과

반작용이 일어난다면, 그 반대도 일어날 수 있지 않을까요.

누군가의 상처를 치유해주면, 나 자신의 상처도 치유되는.

이 구조를 현대적으로 그린 작품이 만화 『귀멸의

칼날』*입니다.

───── * 고토게 코요하루 지음, 『귀멸의 칼날 1~23』학산문화사 2017~2021.

『귀멸의 칼날』을 한 마디로 정리하면 소중한 것이
훼손되었을 때, 즉 깊이 상처 입었을 때, 사람은
귀신(혈귀)이 되든지 그 귀신을 퇴치하는 정의의
편(귀살대)이 된다는 이야기입니다. 그런데 혈귀에게
가족을 잃은 주인공 탄지로는 자신과 비슷한 배경을 지닌
사람들(귀살대) 사이에서도 이질적인 존재입니다. 만화
속에서 탄지로가 혈귀를 쓰러뜨린 다음 그 혈귀를 공양하는
듯한 장면이 여러 차례 묘사되는 것입니다.

『귀멸의 칼날』에 등장하는 혈귀들도 원래는 인간이었고,
한때는 '소외당한 사람들'이었습니다.

만화에는 쿄우가이라는 혈귀가 등장합니다. 그는
인간이었던 시절, 작가를 지망했죠. 하지만 어느 날
그의 스승 또는 평론가인 듯한 인물이 그에게 재능이
없다고 선고하며, 최선을 다해 쓴 원고를 무자비하게
짓밟아버립니다. 주인공 탄지로는 쿄우가이와 싸우게
되는데, 전투 장면을 보면 방바닥 위에 쿄우가이의 원고가
흩어져 있습니다. 탄지로는 놀랍게도 생사가 걸린 싸움을
하는 와중임에도 그가 정성스레 쓴 원고를 밟지 않으려
노력합니다. 그 모습을 본 쿄우가이는 동요하고 결국

탄지로에게 토벌당합니다.

그들의 전투에는 타인의 소중한 것(=쿄우가이의
원고)을 함께 소중히 아끼는(=일찍이 짓밟혔던 원고를
싸우는 중임에도 밟지 않으려고 노력하는 모습) 장면이
묘사됩니다. 돌봄의 풍경이죠.

자신의 내면에 있는 상처가 타인의 상처에 호응하는 장면.
그 장면에 돌봄이 있습니다.

그리고 그 돌봄 속에서 어느 순간 이타가 태어납니다.

우리는 보통 자신의 상처를 보지 않으려고 합니다.
정신분석에서 '억압'이라 부르는 것인데, 의식적인 행위는
아닙니다. 똑바로 바라보면 자아가 위태로워지는 과거의
일은 검열되고 무의식 아래로 묻힙니다. 하지만 그런다고
사라지지는 않죠. 억압된 것은 어떤 시점이 되면 다시
돌아옵니다.

타인의 상처를 접하는 것은 자신의 무의식 아래로 억압된
것이 돌아오는 계기가 될 수 있습니다. 타인의 상처는 내
상처로 통하는 문인 것입니다.

그리고 그때, **이타가 일어납니다.**

이타란, 타인의 상처에 이끌려서 돌봄을 하려고 할 때
자신이 변하고 마는 것입니다.

앞서 저는 이타가 자신에게 소중한 것보다도 타인의

소중한 것을 우선하는 행위라고 했습니다. 즉, 자신이
소중히 아끼는 자아상과 규범(=초자아)를 개정하면서
이타가 일어나는 것입니다. 앞서 여러 차례 언급한 엔도
슈사쿠의 『침묵』 속 로드리고 신부에게 바로 그런 일이
일어났죠. 고난에 처한 일본 가톨릭교도의 상처를 접하면서
로드리고는 신(=로드리고에게 그 무엇보다 소중한 것)에
의문을 품었습니다. 신의 침묵을 듣고, 주와 나라는
관계에서 당신과 나라는 관계에 이르렀죠. 『암살교실』의
리츠 또한 '리츠'라는 한 사람의 주체가 되었습니다. 새로운
극을, 새로운 언어놀이를 시작함으로써.

이런 것을 '세런디피티serendipity의 구조'라고 할 수는
없을까요?

모턴 마이어스Morton A. Meyers는 『세런디피티와 근대
의학』이라는 책에서 세런디피티를 "찾는 것을 기대하지
않았던 방법이나 방면에서 찾아내는 것"이라고 정의하고,
"창조적 인간이 우연한 일을 붙잡는 과정"이라고 했습니다.*
그야말로 6장에서 논했던 '그랬던 것이 되다.'라는 형식과
함께 일어나는 일이라고 할 수 있습니다. 모턴의 정의에

───── * モートン・マイヤーズ(著), 小林 力(譯), 『セレンディピティと近代医
学』中公文庫 2015, p.13. (원서: Morton A. Meyers, *Happy Accidents*,
Arcade Publishing 2007)

있듯이 "찾는 것을 기대하지 않았던 방법이나 방면에서
찾아내"면, 찾아낸 뒤에야 비로소 '실은 그게 찾고 있었던
것이었다'고 깨닫게 되기 때문입니다.

자기 변화, 그리고 자기 돌봄

앞서 마쓰토야 유미의 가사에서 살펴봤듯이 '그랬던 것이
되다.'라는 계기는 우리에게 '지금 나는 틀림없이 내가
걸어온 역사와 함께 여기에 살아 있다.'라는 실감을 줍니다.
그것은 그저 동물로서 '생존'하는 것이 아니라 내 생활 혹은
생명 속을 살아가고 있다는 인간으로서의 실감이죠.
사람은 상처 입습니다. 삶이란 곧, 상처 입는 것이죠.
우리는 그런 상처의 역사를 짊어지고 살아갑니다.
그렇지만 상처를 계속 직시하며 살아갈 수는 없습니다.
그래서 자아는 상처의 역사를 무의식중에 억압합니다.
그렇게 간신히 힘껏 생존해 있는 중에 어느 날 갑자기
타인을 만납니다.
그 만남에서 우리는 상처와 이중의 해후를 해냅니다.
당신의 상처에 접함으로써 나의 상처를 떠올린다.
그것이 나에게 돌봄을 불러일으킨다.

그리고 때때로 내가 자각하는 상처로부터 이타가 태어난다.
자기 변화라는 형식의 세런디피티가 일어난다.

이런 구조상 세런디피티는 의도적·계획적으로 일으킬 수
없습니다. 세런디피티의 정의상 필연적으로 그렇죠.
부족함이 없는 나, 가여운 당신. 이런 구도에서는 돌봄이
일어나지 않습니다. 당연히 이타도 일어나지 않죠. 정신과
전문의 마쓰모토 다쿠야松本 卓也는 다음처럼 말했습니다.

> '회복한다'는 것은 이전의 상태와는 다른 형태의
> 삶의 방식으로 바뀌게 되는 것을 말해요. 병에서
> 빠져나옴으로써 환자 본인의 생활 방식이 변화하고
> 나아가 스스로가 변화하는 것이에요.*

타인을 돌보려 하는 와중에 나도 모르게 자기 변화가
일어난다. 당신의 언어놀이와 나의 언어놀이가 만나서
돌봄이 촉발되고, 이타가 일어나고, 자기 변화가 이뤄진다.
상처가 회복된다. 엔도 슈사쿠의 『침묵』은 이런 돌봄,
이타, 자기 변화의 구조를 그린 작품이었습니다. 일본의
가톨릭교도와 만나 그들이 겪는 박해와 시련을 목격하는

─────── * 마쓰모토 다쿠야 지음, 형진의 옮김, 『마음은 왜 아플까?』 나무를심는
사람들 2021, 224면.

285

로드리고. 그가 성직자로서 준수해야 하는 태도와
신앙이라는 언어놀이는 '신의 침묵'으로 삐걱거리기
시작합니다. 그리고 모니카가 천국에 대해 물어보았을 때,
로드리고의 언어놀이는 멈추고 말았죠. 주저, 갈등, 절망,
분노. 마침내 가장 소중하게 여겨온 것을 버리려고 마음먹은
그 순간, "밟도록 해라."라는 신의 침묵을 들으면서 새로운
신앙의 언어놀이가 시작됩니다. 자신에게 강요된 언어놀이,
지금까지 순종적으로 따라온 언어놀이에 저항하고
일탈하면서 로드리고는 마침내 자기 자신의 언어놀이 속을
살아가게 되었습니다.

그와 같은 돌봄, 이타, 자기 변화, 그리고 자기 돌봄을
주제로 하는 문학 작품을 하나 더 소개하겠습니다. 바로
후카자와 시치로深沢 七郎의 『나라야마부시코楢山節考』입니다.

『나라야마부시코』의 세계

『나라야마부시코』는 가난한 마을에서 벌어지는
'우바스테姥捨'*(작품 속에서는 그 행위를 '나라산楢山 참배'

---

* '늙은 여자를 버린다.'라는 뜻이다. 생활고 때문에 나이 든 부모를 깊은
산에 버려서 죽게 했다는 일본의 옛날이야기와 설화에서 유래한 단어다.

'나라산 넘께 간다'라고 합니다)를 그린 작품입니다. 그 마을에서는 나이가 일흔이 넘으면 '나라산 참배'를 가야 합니다. 등장인물 오린ぉりん은 69세로 나라산 참배를 코앞에 두고 있었죠. 이 이야기의 가장 큰 특징이라면 어머니 오린은 얼른 나라산 참배를 가기를 원하지만, 외동아들인 다쓰헤이辰平는 어머니를 보내기 싫어한다는 점입니다. 오린은 왜 스스로 나라산에 가고 싶어할까요? 그 마을의 가난과 관련이 있습니다.

오린은 나이에 비해 치아가 건재했는데, **치아가 건강하다는 점을 부끄럽다고** 생각했습니다. 오늘날의 우리 입장에서는 무슨 영문인지 이해할 수 없지만, 오린이 사는 마을은 그야말로 가난한 산골이라 노인이 치아가 건강하면 나이도 많은데 아직 그렇게 먹을 수 있냐고 주위 사람들이 쌀쌀맞게 굴고, 뒤에서 헐뜯고 조롱하는 곳입니다. 이야기의 첫머리에는 느닷없이 무시무시한 장면이 등장합니다.

오린은 아무도 안 보는 것을 알고 부싯돌을 쥐었다. 입을 벌리고 위아래 앞니를 부싯돌로 퍽퍽 쳤다. 튼튼한 이를 때려서 부수려는 것이었다. 퍽퍽 정수리를 울리며 불쾌한 통증이 일었다. 하지만 참고 계속 때리면 언젠가

이가 나가리라 생각했다. 이가 나가는 것이 기대되기도
해서 요즘에는 때릴 때의 통증 또한 기분 좋게 느껴질
정도였다.*

오린이 얼마나 자신의 가지런하고 건강한 치아를
부끄러워했는지 알 수 있는 대목입니다. 즉, 오린에게는
자신의 치아를 부싯돌로 깨고 부러뜨리는 통증과
두려움보다도 마을 사람들의 비웃음이 괴로운 것입니다.
오린은 "이도 다 빠진 고운 노인네"가 되어서 나라산에 가고
싶다고도 말하죠.
그 후 아내와 사별한 아들 다쓰헤이의 새로운 아내가 옆
마을에서 오고 새 며느리의 마음씨가 좋다는 것을 알게
된 오린은 기뻐하면서 이번에는 치아를 맷돌에 꽝 부딪쳐
두 개를 부러뜨립니다. 치아가 부러진 뒤에는 "나는 산에
갈 나이니까, 이도 망가졌고."라고 주위에 말하며 이제
떳떳해졌다고도 하죠.
참고로 그 마을이 얼마나 가난한가 하면, 흰쌀을 가을에
피는 하얀 꽃에 빗대어 "시라하기白萩님"이라고 부르며
1년에 한 번 축제 때만 먹습니다. 평소에는 "밥이라고 해도

———— * 深沢 七郎, 『楢山節考』 新潮文庫 1964, p.45.

옥수수 경단과 채소가 건더기인 국으로, 먹기보다는 마시는 것이다."라고 묘사되는 음식을 먹죠.

치아 말고도 오린의 걱정거리는 또 있습니다. 오린이 빨리 나라산에 가길 바라는 가장 큰 이유이기도 하죠. 그 마을에는 "쥐새끼를 보다."라는 표현이 있는데, 증손주의 얼굴을 본다는 의미입니다. 증손주를 보았다는 건 다산하거나 조숙한 사람이 3대 이어졌다는 뜻으로 이 역시 식량이 부족한 마을에서는 비난과 비웃음을 받는 일입니다. 그런데 하필 오린의 손자에게 아이가 태어나려 했습니다. 그래서 오린은 하루빨리 산에 가길 바랐던 것입니다. 그런 자신의 어머니를 염려하는 아들 다쓰헤이는 마을 사람들이 뒤에서 어머니를 험담하는 걸 보면 호통치며 싸우고는 했습니다. 오린은 다쓰헤이를 가리켜 "내 아들은 마음씨 착한 녀석이다."라고 했죠.

이처럼 주위의 시선을 신경 쓰며 수치심이라는 감정에 따라 행동이 규정되는 것은 이해할 수 있습니다. 하지만 『나라야마부시코』에서 펼쳐지는 언어놀이는 오늘날 우리의 언어놀이와 완전히 다르죠.

나라산 참배에는 몇 가지 '법도'가 있습니다. 그걸
가르쳐주는 건 부모를 나라산에 데려간 적 있는 마을
사람들입니다. 집에 모여서 가르침을 받는 동안 오린과
다쓰헤이는 입을 열어서는 안 됩니다. 그 역시 법도 중
하나죠. 일단 술을 돌아가면서 마시고 다음처럼 정해진
형식대로 관례를 전해줍니다.

> 산에 가는 법도는 반드시 지킵시다. 하나, 산에 가면 아무
> 말도 하지 말 것.
> 산에 가는 법도는 반드시 지킵시다. 하나, 집을 나설 때
> 누구에게도 보이지 않고 떠날 것.
> 산에 가는 법도는 반드시 지킵시다. 하나, 산에서 돌아올
> 때는 절대로 뒤를 돌아보지 말 것.*

그리고 달빛이 없어 캄캄하고 매섭게 추운 밤, 다쓰헤이는
오린을 등에 업고 평소에는 들어가면 안 되는 나라산으로
갑니다.

———— * 같은 책, p.87-88.

마을의 관례대로 아무 말도 말하지 않고 오린을 등에 업은 다쓰헤이가 산을 올랐죠. 오린은 몸짓으로 여기서 내려달라 다쓰헤이에게 전합니다. 그리고 오린은 다쓰헤이의 손을 세게 붙잡고 등을 꾹 밀어줍니다. 뒤를 돌아보지 않겠다는 맹세에 따라서 다쓰헤이는 걸음을 딛고, 올라왔던 길을 되돌아 내려가죠.

그때, 눈이 내리기 시작합니다.

마을에서는 나라산 참배를 하는 날 눈이 내리면 운이 좋다고들 했습니다. 그리고 오린은 자신이 나라산에 가는 날은 반드시 눈이 내릴 거라고 우기고는 했죠.

눈이었다. 다쓰헤이는,

"앗!"

하고 소리를 높였다. 그리고 눈을 바라보았다. 눈이 펄펄 흩날렸다. 평소 오린이 "내가 산에 갈 때는 꼭 눈이 내릴 거야."라고 우긴 대로 된 것이다. 다쓰헤이는 발길을 돌려 맹렬히 산을 올랐다. 산의 법도를 지키겠다는 맹세도 깨끗이 사라져 있었다. 눈이 내린다고 오린에게 알리려고 한 것이다. 알린다기보다 "눈이 내려!"라고 말하고 싶었다. "정말로 눈이 내리네!"라고 한 마디라도 전하고 싶었다. 다쓰헤이는 원숭이처럼 금단의 산길을 올랐다.

(…) 나라산 참배의 맹세를 깨고 뒤를 돌아봤을 뿐
아니라 이렇게 많이 되돌아와서 아무 말도 해서는 안
된다는 맹세까지 깨려는 것이었다. 죄를 저지르는
셈이었다. 하지만 "꼭 눈이 내릴 거야."라는 말대로 눈이
내리고 있었다. 이것만은 한 마디라도 상관없으니 말하고
싶었다.*

다쓰헤이는 자기도 모르게 법도를 깨는 **어리석은 행동**을
저질렀습니다.

애초에 왜 그런 법도가 존재할까요? 우바스테라는 비참한
행위가 '자유의지'로 이뤄지는 것이 아니라고 여기기
위해서겠죠. 이것은 **어디까지나 마을의 규칙이다.** 좋은지
나쁜지, 누구에게 개인적 책임이 있는지 같은 의문을 제기할
수도 없는 가혹한 상황에서 취한 그 나름의 최선이었을
것입니다. 그러니 그 법도는 마을 사람들을 지배하고 얽매는
것이 아니라 오히려 부모를 산에 버리고 왔다는 자책을
짊어지지 않도록 마을의 관례, 산의 맹세라는 시스템에 그
책임을 떠넘기게 했다고 할 수 있습니다. 그야말로 자식이
부모를 산에 데려간다 해도 '산의 법도를 따랐을 뿐이고,

———— * 같은 책, p.98-99.

따를 수밖에 없었던 일이 되는 이야기'가 있는 것이죠.

그저 규칙을 따랐을 뿐이다.

진심으로 그렇게 믿는 사람은 상처를 입지 않습니다.

하지만 어머니를 아끼는, 다정한 다쓰헤이는 그럴 수 없었죠.

다쓰헤이는 어머니가 말했던 대로 눈이 내리는 걸 보고는 내려가던 산길을 뒤돌아서 뛰어오릅니다.

겨우 한 마디, "엄마, 눈이 내려."라고, 오직 그 말을 하려고. 오로지 그것만을 위해서.

다쓰헤이는 '공동체의 도덕', 즉 법도보다도 '자신의 마음'을 따랐습니다. 그 모습은 우리의 마음에 큰 울림을 줍니다.

계산도 사유도 쓸모없어지고, 나도 모르게, 예상치 못하게, 뒤를 돌아보고, 뛰어오릅니다.

그저 어머니에게 단 한 마디를 건네기 위해서.

그런다고 달라지는 건 없습니다.

오린을 데리고 돌아가는 건 마을에서 용납하지 않을 일이고, 무엇보다 오린도 원치 않습니다.

달라지는 건 전혀 없지만, 그럼에도 불구하고 다쓰헤이는 어머니에게 달려갑니다.

그는 자기도 모르게 도덕이 아닌 윤리를 따르고 말았습니다.

다른 사람들 눈에는 그 일이 어리석은 행동으로 보입니다.

이처럼 **이타는 어리석은 행동이어야 합니다.** 그렇지 않으면
도덕이 되어버립니다. 이타가 사라지고 말죠.

왜 『나라야마부시코』를 이타의 이야기라고 할 수 있을까요?

대체 다쓰헤이는 누구를 구한 걸까요? 오린은 아닙니다.
애초에 오린은 아들이 돌아오길 바라지 않았으니까요.

그러면 대체 누구를 위한 이타였을까요?

바로 **미래의 자신, 미래를 살아가는 다쓰헤이 자신입니다.**

뒤돌아보지 않고 법도대로 산에서 내려와 어머니에게 작별
인사도 하지 못한 채 살아갈 **미래의 자신이 짊어질 상처를 돌본
것**이라고 할 수 없을까요. 그 시점에서 '다쓰헤이가 소중히
아끼는 것'이 무엇일까 생각해보면, 그건 법도를 따르려는,
즉 현재의 언어놀이에 충실하려는 자기 자신입니다.

다쓰헤이는 특정한 언어놀이 속에 있는 현재의 자신보다도
상처를 짊어지게 될 미래의 자신이라는 타인을 위해 **규칙을
깨는 어리석은 행동**을 한 것입니다.

자기 돌봄이란 **미래의 자신이라는 타인을 구하는 것이다.**

즉, 『나라야마부시코』는 다쓰헤이의 자기 돌봄을 그린
이야기였던 것입니다.

더 이상 스스로를 탓하고 상처 입히지 않도록, 그는 법도를
거스르고 어머니에게 달려갔습니다. 왜냐하면 그의 마음은
이미 충분히 아팠으니까.

자신의 소중한 것을 소중히 아끼지 못했을 때, 사람은 상처
입습니다.

다쓰헤이는 어머니라는 자신의 소중한 것과 다시 만나기
위해 달렸습니다.

마지막 이별 후에 다시 한 번 이별하기 위해. 유대를 다시
연결하기 위해.

다시 만나서, 다시 살아가기.

이것이 자기 돌봄입니다.

우리는 그것을 자유라고 부른다

우리는 상처 입을 때, 내가 소중히 아끼던 것이
무엇이었는지 자세히 알게 됩니다.

『침묵』의 로드리고도 타인(미래의 나)을 구하기 위해
어리석은 행동을 저질렀습니다. 하지만 그 어리석은 행동은
사회 통념, 공동체의 규범, 다시 말해 도덕에 비춰보았을 때
어리석다고 여겨지는 것입니다.

타인의 소중한 것을 함께 소중히 아끼기 위해 어리석은
행동을 해야만 할 때, 돌봄은 이타로 변합니다. 그렇기에
이타에서는 '규범의 도약'이 일어납니다.

우리는 유형무형의 수많은 '해야 한다'와 '해서는 안 된다'에
둘러싸여 있습니다. 그런 것을 부자유라고 부른다면, 이타는
타인에게 이끌려서 자유로 도달하는 과정을 가리키는 또
다른 말입니다.

우리는 혼자서 규범 밖으로 나가는 어리석은 행동을 할 수
없습니다. 왜냐하면 어리석은 행동에는 용기가 필요하지만,
그로 인해 얻는 것은 전혀 없기 때문입니다. 사람은 보통
그런 행동을 하지 않죠. 하지만 타인의 상처를 느끼고
그 상처를 돌보기 위해서라면, 어리석은 행동도 할 수
있습니다.

어리석은 행동이 '모두에게 드러나 미담이라는 칭찬을
받을' 때, 이타는 도덕으로 전락합니다. 어리석은 행위는
언제까지나 흉내 내서는 안 되는 어리석은 행동이어야
합니다. 그 때문에 이타는 시스템으로 구조화할 수 없고,
매뉴얼로 정리할 수도 없습니다.

이타는 언제나 시스템 내부에서 버그이며, 그림자처럼
존재합니다. 아니, 이타는 오로지 버그로서만, 그림자로서만
존재할 수 있는 것입니다.

이타는 시스템의 버그다. 그리고 버그이기 때문에 내
언어놀이를 변화시킬 수 있다. 우리는 그것을 자유라고
부릅니다. 현재의 언어놀이에서 다른 언어놀이로 도약하는

그 순간, 우리는 **자유**를 회복합니다.

타인의 상처에 이끌려서 우리는 돌봄을 합니다. 그리고 그 돌봄 속에서 자신도 모르게 스스로 변하고 맙니다. 이타가 일어나고, 자기 변화에 다다릅니다. 그것이 우리에게 '살아 있다는 느낌', '내 인생을 살고 있다는 실감'을 줍니다. 왜냐하면 그때 우리는 누군가의 지배를 받지도 않고, 관리당하지도 않고, 자유롭기 때문입니다. '이것이야말로 나의 극이다.'라는 감각이 우리에게 살아 있다는 느낌을 주는 것입니다.

마지막 장

새로운 극의 시작을

기다리다, 기원하다

그 잘못은 잘못이 아니었던 것이다

'주문을 틀리는 요리점'이라는 프로젝트를 들어본 적
있으실까요. 주문이 많은 요리점이 아니라, 주문을 틀리는
요리점입니다. 그 프로젝트의 가장 큰 특징은 식당에서
주문을 받고 손님에게 음식을 가져다주는 직원이 모두
인지저하증 당사자라는 점입니다. 그래서 때로는 내 주문과
다른 음식을 가져다주기도 하죠. '주문을 틀리는 요리점'의
콘셉트는 '틀렸지만, 뭐 어때.'라고 합니다. 이 프로젝트를
기획한 오구니 시로小国 土朗는 NHK의 PD 출신으로
「프로페셔널, 일하는 방식」이라는 프로그램을 제작하면서
했던 취재가 '주문을 틀리는 요리점'의 계기가 되었다고
하죠.

인지저하증 돌봄 전문가인 와다 유키오和田 行男를 취재했을 때의 일입니다. 와다가 운영하는 시설에는 인지저하증 당사자일지라도 스스로 할 수 있는 일은 자기가 한다는 규칙이 있습니다. 당사자들이 요리, 청소, 세탁, 장보기를 스스로 하면, 요양보호사 등이 슬며시 지원해주었죠. 와다는 "자신의 의사를 행동으로 옮길 수 있는 것이야말로 인간의 위대한 점입니다. 그 위대함을 빼앗아서는 안 됩니다"라고 말했다고 하죠.* 오구니는 시설에서 좀 떨어진 시장까지 다 함께 장을 보러 가는 모습을 보고 인지저하증이 있는 어르신들이 너무나 자연스레 마을과 어우러져 있어서 놀랐다고 합니다.

그러던 와중에 어떤 일이 일어납니다.

이따금 촬영하다 짬이 나면 시설의 어르신들이 만든 요리를 얻어먹었는데, 오구니는 미리 그날의 메뉴는 햄버그스테이크라는 말을 들어서 알고 있었습니다. 그런데 막상 건네받은 요리는 만두. 다진 고기를 썼다는 점 빼고는 완전히 다른 요리였죠. 오구니는 무심결에 '이거 잘못 나온 거죠?'라고 말할 뻔했지만, 그 순간 번뜩 무언가 떠올라서 나오려던 말을 삼켰습니다.

───── * 오구니 시로 지음, 김윤경 옮김, 『하하호호 기획법』 RHK 2023, 98면.

'이거 잘못 나온 거지요?'
저는 이렇게 말하려다가, 문득 놀라서 말을 꾹
삼켰습니다.
그 말 한마디로 와다 씨와 간병 전문가들이 치매
노인분들과 함께 쌓아온 '당연한 광경'을 와르르
무너뜨릴 것만 같은 기분이 들었기 때문입니다.
'이렇게 해야만 해.' '이런 모습이어야 돼.' 하는
사고방식이 간병 현장을 얼마나 갑갑하고 숨 막히게
해왔던가.*

그리고 만두를 맛있게 먹는 당사자들을 보고 오구니는
깨닫습니다.

실수는 그 자리에 있는 사람이 받아들이면 더 이상
실수가 아닌 거라고요.(…)
실수란 당연히 지적해서 고쳐야 하는 대상이라고
생각했던 제게는 콜럼버스의 달걀 같은 엄청난
발견이었습니다.
그 자리에 함께 있는 모두가 그 실수를 받아들이면 더

———— * 같은 책, 99면.

이상 실수라고 할 일은 없어지는 겁니다. 이렇게 **실수를 없애는 방법**이 있었다니!*

잘못이 잘못이었던 것이 아니게 되다.
햄버그스테이크를 만든다고 했지만, 왠지 만두가 나왔다. 극을 틀린 것이죠. 본래 그 장면에서는 만두가 아니라 햄버그스테이크가 나올 예정이었습니다. 하지만 모든 사람이 만두가 나온 게 아무렇지 않다는 듯이 먹었습니다. 그러면 극은 다시 극으로 움직이기 시작합니다. 언어놀이 속에서 주의를 주고 시정을 촉구하는 것이 아니라 처음부터 '그랬던 것'이라고 놀이를 이어가죠.
무라카미 하루키의 『댄스 댄스 댄스』에 등장했던 "춤을 추는 거야."라는 말은 이런 광경을 가리킨 것이라고 생각할 수는 없을까요. 언어놀이에서 '잘못'은 그 놀이를 멈춰 세우는 것이었습니다. "무엇이고 잘못되어 있는 것처럼 느껴지는 거야. 그래서 발이 멈춰버리거든."
설령 잘못이 일어나도 극을 멈추지 않는 것. 언어놀이에서 그 사람을 소외하지 않는 것. 오구니가 말한 대로 '이렇게 해야 해.' '이래야 마땅해.' 같은 규범을 고쳐 쓰는 것.

---

* 같은 책, 99~100면, 강조는 인용자가 했다

저는 이것이 돌봄의 풍경, 이타의 풍경이라고 생각합니다.

규범을 고쳐 쓰기.

어째서 그런 걸 할까요?

그 이유는 그 사람의 소중한 것을 함께 소중히 아끼기 위해서입니다.

'당신에게는 잘못이 없다.'라고 **말하는** 것만으로 끝내지 않고, '잘못이 없다'는 점을 **보여주기** 위해 언어놀이를, 즉 극을 이어가면 되는 것입니다. 이러한 구조는 지금까지 이 책에 등장해온 사례들에도 공통됩니다. 『원피스』의 가이몬, 인형이 보낸 편지를 대필한 프란츠 카프카, 『더 우초텐 호텔』의 '앞접시' 문제. 그 사례에 등장한 돌보는 사람들은 눈앞에 있는 타인의 착각과 실패와 상실이 극을 멈추지 않도록 각자의 즉흥적인 방식으로 새로운 극을 시작했습니다. 그럼으로써 그 자리에 있던 잘못은 잘못이 아니게 되었죠.

이런 구조를 고려하면 '잘못'이라는 것을 역방향으로 다시 규정할 수도 있습니다.

우리는 잘못이 **있으니까** 언어놀이가 멈춘다고 생각하지만, 그와 반대로 언어놀이를 멈춰 세우는 언동 전반을 우리가 '잘못'이라고 부르는 것이다.

그렇다면 어떻게 해야 할까요?

극을 이어가면 그만입니다.

그러면 잘못은 더 이상 잘못이 아니게 됩니다. '잘못을
지우는 방식' 혹은 '잘못에 대한 지원'은 놀이를 계속하는 것
그 자체라고 할 수 있습니다.

오구니의 글 속에 있는 "실수란 당연히 지적해서 고쳐야
하는 대상"이라는 말은 틀림없이 우리가 따르고 있는
통상적인 규범일 것입니다. 그 규범에서 잘못을 그냥
받아들이는 것은 어리석은 행동입니다. 하지만 저 사람이
어리석은 행동을 한다고 보는 것은, 지금 이곳에서 이뤄지는
극 바깥에 있는 사람들의 시선일 뿐입니다. 극은 이미
새로운 극으로 변모해 있습니다.

새로운 극에서는 한때 어리석은 행동이라고 여겨졌던 것이
더 이상 어리석은 행동이 아니게 되어 있죠.

그리고 그런 돌봄의 원초적 풍경, 이타의 원초적 풍경을 본
오구니는 다음과 같은 장면이 머릿속에 펼쳐졌다고 합니다.

'주문을 틀리는 요리점'이라는 간판이 걸린 멋진
레스토랑에 간다. "어서 오세요" 하고 예쁜 에이프런을
두른 할머니가 반갑게 맞아주고 "뭘 드시겠어요?" 하고
물으면 "햄버그스테이크 주세요" 하고 주문한다.

"음식 나왔습니다~." 하며 음식을 식탁에 내려놓는데

어찌 된 일인지 내 앞에 놓인 건 만두. 하지만 가게 이름이
'주문을 틀리는 요리점'이니까 나는 화를 내지 않는다.
오히려 실수 덕분에 즐거운 건지도 모르겠다. 어쩌면
만두를 먹으면서 후후 웃고 있을지도 모른다.*

그렇게 '주문을 틀리는 요리점'이라는 프로젝트가 시작된
것입니다.

새로운 언어놀이를 만들다

자, 앞선 인용문에서 와다 유키오의 "자신의 의사를
행동으로 옮길 수 있는 것이야말로 인간의 위대한 점입니다.
그 위대함을 빼앗아서는 안 됩니다"라는 말을 다시금
생각해보겠습니다.
자신의 의지를 행동으로 옮기는 것.
물론 이 말은 인지저하증 당사자를 대하는 방법에 대한
것이지만, 인지저하증이 없는 사람들이라고 과연 이 말대로
하고 있을까요?

———— * 같은 책, 100면.

부모를 대하는 자식으로서의 언동. 학교와 입시라는 시스템.
구직 활동에서 쓰는 자기소개서와 면접의 응답. 연애
관계에서의 '여자다움'과 '남자다움'. 혹은 사회인으로서,
부모로서 바람직한 자세.

온갖 상황에 숨어 있는 '이렇게 해야 해.' '보통은 그래.'라는
규범성.

또한 우리는 "나이도 먹을 만큼 먹었는데 그걸 몰라?" 혹은
"왜 그런 것도 못 해?" 같은 말과 시선을 두려워합니다.
우리는 많든 적든 『나라야마부시코』의 오린처럼 불안과
고민을 품고 있는 것입니다. 오린의 경우에는 그 고민이
'치아가 여전히 건재하다.'라는 오늘날 우리의 일상과
동떨어진 것이었을 뿐, 모두가 하고 있는 언어놀이에 제대로
참가하지 못해서 조롱당하고 수치심을 느끼는 구조는
우리의 고민과 같습니다. 극에서 배제되는 것, 즉 소외되는
것을 두려워하는 호모 사피엔스.

그 끝에 우리는 '왜 나는 다른 사람들처럼 하지 못할까?'라고
고민하기에 이릅니다.

현대에 접어들며 사람들에게 요구되는 언어놀이, 무대에
계속 서야 하는 극이 점점 복잡해지고 있습니다.

이 현대라는 언어놀이, 사회라는 극에 참가하기 어려운
사람들은 어떡해야 할까요?

1장에서 살펴봤듯이 오늘날의 문명은 호모 사피엔스라는
종이 동물로서 본래 갖춘 형질에 기초한 것이 아닙니다.
호모 사피엔스는 환경에 적응하기 위해 신체를 변화시키는
것이 아니라 제도와 기술로 환경을 바꿔버렸다고 했죠.
그렇다면 현대의 수많은 언어놀이, 극은 자연적으로 우리가
타고난 것이 아닙니다. 그러니 우리는 조금씩이라도 이
사회라는 거대한 언어놀이 자체를 바꿀 수 있을 것입니다.
극을 다른 극으로 바꾸는 것에는 현재의 극에서 이탈하는
것도 포함됩니다.

하지만 어떤 언어놀이에서 이탈해도, 다시 그 무대에서 다른
언어놀이가 시작되고 맙니다.

그래서 오구니 시로와 와다 유키오는 아예 새로운 극을
만들어냈습니다. 어떤 특정한 극에서 이탈할 수는 있지만,
모든 극에서 이탈할 수는 없다. 그렇다면 새로운 언어놀이,
새로운 극을 만들 뿐이다.

어떤 언어놀이라면 우리가 안락할 수 있을까?

어떤 극이어야 우리가 '앞으로도 계속 하고 싶다.'라고
느끼고 '나도 계속 춤출 수 있다.'라고 생각할까?

설령 지금 당신 앞에 펼쳐진 언어놀이가 가혹하다 해도,
당신이 마주한 극이 괴로운 것이어도, 그저 놀이, 극에
지나지 않습니다.

당신은 새로운 극의 시작을 기다릴 수 있을 것입니다.

왜냐하면 지금도 다양한 곳에 '극을 바꾸려 하는 사람들'이
있으니까.

머지않아 새로운 극이 시작됩니다.

이윽고 그 새로운 극은 틀림없이 당신에게 소중한 것이 될
것입니다. 소중한 거처가 될 것입니다.

새로운 극이 오리라 믿고, 그 극이 너의 곁에, 나의 곁에
오리라 기다리는 것을 '기원'이라고 할 수 있지 않을까요.

새로운 극이 시작되기를.

'지금'은 영원히 계속되지 않습니다. 현재 내가
받아들여야만 하는 수많은 극이 앞으로도 계속
이어지리라는 법은 없죠.

마쓰토야 유미가 노래한 대로 "상처 입은 날들은 그를
만나기 위해 / 그래 운명이 준비해준 소중한 수업"이었던
것이 될 가능성도 있습니다.

인간이라는 종과 이 세계는 그렇게 생각해도 될 만큼은
아름다울 것입니다. 적어도 저는 그렇다고 믿습니다.

극에 참여하기 어려운 사람을 위한 극. 생산성과 유용성으로
가늠할 수 없는 극. 그런 극을 이 사회의 수많은 곳에 다양한
형태로 만들어가는 것이 현대를 살아가는 우리에게 필요한

돌봄입니다.

누군가를 위해서, 나를 위해서.

누군가를 구하기 위해서, 나를 구하기 위해서.

311

이로써 저의 두 번째 책을 마칩니다.

이 책에서는 '주기'에 관해 논했습니다.

첫 번째 책 『우리는 왜 선물을 줄 때 기쁨을 느끼는가』*

에서는 '받는 것이란 무엇인가.'를 논했습니다. 그래서

이 책은 『우리는 왜 선물을 줄 때 기쁨을 느끼는가』의

속편이라고도 할 수 있습니다(물론 이 책만 단독으로

읽어도 무방합니다). 일단 제 속에서는 '받기'와 '주기'라는,

우리 소통의 두 가지 방식에 대해서 이론화를 마쳤습니다.

이론화가 좀 호들갑스러운 말이라면, 아니, 이론화라기에는

미숙한 고찰이라면 '큰 틀'은 보았다고 할 수도 있겠죠.

그래서 앞으로는 '증여(받기)'와 '이타·돌봄(주기)'이라는 두

───── * 김영현 옮김, 다다서재 2025.

축이 있는 '총론'으로부터 구체적인 현상에 관한 고찰, 즉 '각론'을 다양한 각도에서 살펴보고 싶습니다.

이 책에서 다루지 못한 점, 혹은 앞으로 부연할 수 있을 듯한 논점을 하나만 언급하겠습니다.

'타인'이라는 말에 대해.

이 책의 돌봄론, 이타론은 기본적으로 어떤 고유한 이름을 지닌 한 사람의 인간(=당신)을 상정했지만, 돌봄과 이타의 수신처인 '타인'이 '사람들'일 수도 있다고 생각합니다.

개인이 아니라 조직, 공동체를 돌보다. 그 사람들의 소중한 것을 함께 소중히 아끼려 하는 와중에 내게 자기 변화가 일어나고 이타로 변한다.

사회적 혹은 국제적인 지원과 원조가 한쪽의 이념을 강요하는 것이 되지 않으려면, 그 타인(들)이 '소중히 아끼는 것'을 파악할 필요가 있습니다. 그리고 그 소중한 것이란 우리의 소중한 것과 다릅니다. 문화와 역사가 다르다는 건 바로 그런 뜻이죠. 소중히 아끼는 것(그리고 그 이면으로서의 상처)의 총체가 문화이고 역사인 것입니다. 소중한 것이 다르기 때문에 극이 다릅니다. 극이 다르기 때문에 타인의 언동이 잘 이해되지 않거나 때로는 불합리하게까지 보입니다.

'나의 극'과 다른 극이 존재할 가능성. 그 가능성을 예감하는 것이 이타로 가는 첫걸음이라고 생각합니다.

타인이라 해서 반드시 한 사람의 인간일 필요는 없을지도 모른다고 했지요. 아예 인간이 아닌 존재에게도 돌봄과 이타는 가능할 것입니다.

예컨대 산, 하천, 토양, 바다 같은 자연을 돌보는 것.

자연을 돌본다고 할 때, 자연의 소중한 것은 무엇일까요? 물론 돌봄의 상대인 자연은 말로 설명해주지 않습니다. 자연에 대한 돌봄이란, 그 자연이 되고 싶어하는 모습이 되도록 응답하는 것입니다. 산과 토양의 환경, 물과 대기의 흐름이 '되고 싶어하는 모습'이란, '안정적인 모습'입니다.

안정적, 지속적, 순환적. 무릇 화학적 반응이란 전부 불안정한 상태에서 안정적 상태로 옮겨가는 것입니다. 그냥 놔두면 되는 상태가 바로 안정적 상태라는 말이죠. 화학물질이 폭발하는 것도 불안정에서 안정으로 가며 에너지를 방출하는 것입니다.

그런 의미로는 우리도 자연과 마찬가지입니다.

왜냐하면 우리의 정신은 안정과 지속이 어려울 때에 돌봄을 필요로 하기 때문입니다. 그리고 타인과의 상보적 소통(=소통의 순환)에 지장이 발생할 때, 괴로워하고 불안해하기 때문입니다('분노가 폭발한다'는 언어 표현이 있는데, 이 역시 일종의 안정성으로 가는 과정이겠죠).

당신이라는 한 사람의 인간뿐 아니라 당신들이라는 3인칭 복수도, 나아가 인간이 아닌 자연도 돌볼 수 있다. 그처럼 뒤섞이는 돌봄 속에서 나, 그리고 우리가 변해간다. 그렇게 생각할 수도 있지 않을까요.

좀더 공부한 뒤에 그런 내용을 논해보고 싶습니다.

마지막으로 이 책은 앞선 책의 속편이라고 했지만, 사실 저의 구상으로는 3부작 중 두 번째 책입니다.

받다, 주다, 놓아주다. 혹은 받다, 주다, **단념하다**.

세 번째 '놓아주다'에 대해서는 기약할 수 없지만 언젠가 써보고 싶습니다. 그리고 지금 이 글을 쓰다 문득 떠올랐는데, '놓아주다'란 '용서하다'일지도 모르겠습니다.

받다, 주다, 그리고 용서하다.

우리는 그렇게 치유를 받으며 살아가지 않을까요.

그런 삶의 방식이 우리에게 살아 있다는(또는 살아왔다는) 실감을 줄 것입니다.

오늘은 여기까지.

다음에 또 어딘가에서 뵙기를.

2024년 2월

지카우치 유타

• 이 책의 몇몇 논점과 고찰, 사례는 도쿄공업대학교 미래의 인류 연구센터가
발행하는 온라인 저널 「커먼즈COMMONS」의 Vol. 1에 게재한 논문 「처음으로
도덕을 익히고, 그 뒤로 윤리 속에 살아가다」에서 가져왔습니다.
(https://www.fhrc.ila.titech.ac.jp/online_journal/commons-vol-1/)

참고 문헌

시작하며
오다 에이치로 지음, 『원피스 3』 대원씨아이 2011.

1장
안데르스 한센 지음, 김아영 옮김, 『인스타 브레인』 동양북스 2020.
アラン・S・ミラー, サトシ・カナザワ(著), 伊藤 和子(譯), 『進化心理学から考えるホモサピエンス』 パンローリング 2019. (원서: Alan S. Miller, Satoshi Kanazawa, *Why Beautiful People Have More Daughters*, Perigee Trade 2007.)
크리스토퍼 보엠 지음, 김아림 옮김, 『도덕의 탄생』 리얼부커스 2019.
池谷 裕二, 『自分では気づかない、ココロの盲点 完全版』 講談社ブルーバックス 2016.
에드워드 윌슨 지음, 이한음 옮김, 『지구의 정복자』 사이언스북스 2013.
長谷川 寿一・長谷川 眞理子・大槻 久, 『進化と人間行動 第2版』 東京大学出版会 2022.
리처드 랭엄 지음, 조현욱 옮김, 『요리 본능』 사이언스북스 2011.
찰스 다윈 지음, 김관선 옮김, 『인간의 유래 1, 2』 한길사 2025.
찰스 다윈 지음, 김성한 옮김, 『인간과 동물의 감정 표현』 사이언스북스 2020.
알랭 지음, 방곤 옮김, 『행복론 / 인간론 / 말의 예지』 동서문화사 2019.

2장
우자와 히로후미 지음, 임경택 옮김, 『자동차의 사회적 비용』 사월의책 2016.

나가이 레이 지음, 김영현 옮김, 『물속의 철학자들』 다다서재 2022.
池田 晶子, 『言葉を生きる』 ちくまQブックス 2022.
河合 隼雄·茂木 健一郎, 『こころと脳の対話』 新潮文庫 2011.
古田 徹也, 『それは私がしたことなのか』 新曜社 2013.
엔도 슈사쿠 지음, 공문혜 옮김, 『침묵』 홍성사 2003.
伊藤 亜紗·中島 岳志·若松 英輔·國分 功一郎·磯崎 憲一郎, 『「利他」とは何か』
    集英社新書 2021.

3장

山岸 俊男, 『安心社会から信頼社会へ』 中公新書 1999.
무라카미 하루키 지음, 이영미 옮김, 『무라카미 하루키 잡문집』 비채 2011.
河合 隼雄, 『ユング心理学入門』 培風館 1967.

4장

앙투안 드 생텍쥐페리 지음, 황현산 옮김, 『어린 왕자』 열린책들 2015.
루트비히 비트겐슈타인 지음, 이영철 옮김, 『철학적 탐구』 책세상 2019.
루트비히 비트겐슈타인 지음, 이영철 옮김, 『청색 책·갈색 책』 책세상 2006.
ルートウィヒ·ウィトゲンシュタイン(著), 古田 徹也(譯), 『ラスト·
    ライティングス』 講談社 2016. (원서: Ludwig Wittgenstein, Heikki
    Nyman(Ed.), G. H. von Wright(Ed.), *Last Writings on the Phiosophy of
    Psychology Vol. 1 & 2*, Wiley-Blackwell 1991(Vol.1) & 1994(Vol.2))
田中 茂樹, 『去られるためにそこにいる』 日本評論社 2020.

5장

루트비히 비트겐슈타인 지음, 이영철 옮김, 『확실성에 관하여』 책세상 2006.
ダニエル·タメット(著), 古屋 美登里(譯), 『ぼくには数字が風景に見える』
    講談社 2007. (원서: Daniel Tammet, *Born on a Blue Day*, Free Press 2007.)

6장

坂本 直文, 『2026年度版 イッキに内定！面接＆エントリーシート ［一問一答］』
    高橋書店 2021.
무라카미 하루키 지음, 유유정 옮김, 『댄스 댄스 댄스 상, 하』 문학사상 2009.
ハンス＝ゲルト·コッホ(編), 吉田 仙太郎(譯), 『回想のなかのカフカ』 平凡社
    1999. (원서: Hans-Gerd Koch(Ed.), *Als Kafka mir entgegenkam...*, Klaus
    Wagenbach 1995)

7장

村中 直人, 『〈叱る依存〉がとまらない』 紀伊國屋書店 2022.

마쓰이 유세이 지음, 『암살교실 1, 3』 학산문화사 2013.

アーサー・C・ダント(著), 河本 英夫(譯), 『物語としての歴史』 国文社 1989. (원서: Arthur C. Danto, *Analytical Philosophy of History*, Cambridge University Press 1965)

スラヴォイ・ジジェク(著), 鈴木 晶(譯), 『事件!』 河出書房新社 2015. (원서: Slavoj Žižek, *Event: A Philosophical Journey Through A Concept*, Melville House 2014)

앙리 베르그송 지음, 이광래 옮김, 『사유와 운동』 문예출판사 1993.

8장

寺田 寅彦, 『天災と国防』 講談社学術文庫 2011.

小松 左京, 『こちらニッポン…』 ハルキ文庫 1998.

고토게 코요하루 지음, 『귀멸의 칼날 3』 학산문화사 2017.

モートン・マイヤーズ(著), 小林 力(譯), 『セレンディピティと近代医学』 中公文庫 2015. (원서: Morton A. Meyers, *Happy Accidents*, Arcade Publishing 2007)

마쓰모토 다쿠야 지음, 형진의 옮김, 『마음은 왜 아플까?』 나무를심는사람들 2021.

深沢 七郎, 『楢山節考』 新潮文庫 1964.

마지막 장

오구니 시로 지음, 김윤경 옮김, 『하하호호 기획법』 RHK 2023.

왜 나의 다정함이 당신을 상처 입힐까

나를 되살리는 이타와 돌봄의 윤리학

초판 1쇄 발행 2026년 3월 27일
초판 2쇄 발행 2026년 4월 10일

지은이 지카우치 유타
옮긴이 김영현
펴낸이 김효근
책임편집 김남희
펴낸곳 다다서재
등록 제2023-000115호(2019년 4월 29일)
전화 031-923-7414
팩스 031-919-7414
메일 book@dadalibro.com
인스타그램 @dada_libro

ISBN 979-11-91716-44-3 03190